だから日本は世界から尊敬される

マンリオ・カデロ

Manlio Cadelo

小学館新書

サンマリノ共和国はイタリア半島にある世界で5番目に小さい世界最古の共和国である。サンマリノ共和国へは、アリタリア航空の成田〜ヴェネツィア便（2014年4月就航）が便利。ヴェネツィアからリミニまで電車で約3時間、リミニからサンマリノまで車・バスで約30分。

アリタリア航空　http://www.alitalia.com/jp_ja/

序章

なぜ日本人は日本の魅力を知らないのか

私が尊敬する、日本の偉大な少年大使たち

本書執筆中の2014年3月17日、思いがけないニュースがイタリアから飛び込んできました。

「九州のキリシタン大名が16世紀後半にローマに派遣した『天正遣欧少年使節』を務めた伊東マンショのものとみられる肖像画が、イタリアで見つかった。調査に当たった北部ミラノのトリブルツィオ財団の担当者が、このほど財団の学術誌に論文を発表した」

なんという奇跡的な偶然か――。

イタリアで見つかった、1585年ヴェネツィア訪問時に描かれた伊東マンショ（左）の肖像画。右は支倉常長（個人蔵、画像はトリブルツィオ財団提供）

幼い頃から日本という国に興味を抱き、居を日本に移してから約40年になります。そして、駐日サンマリノ共和国特命全権大使になってからも12年、日本を愛し日本の文化文明に憧れ続けてきました。その原点にあったのは、まさにこの伊東マンショ（以下マンショ）たちの偉業だったのです。

はるか400年以上も前に苦労を重ねながらヨーロッパに渡り、そして、ローマ教皇に謁見した彼らのことを、もっともっと日本人に知ってほしい、日本から世界にこの偉業を広めたいと願って、まさにこの本を書こうとしていたところだったのです。

みなさんは、彼らのことをご存じでしたか？

彼らは日本が戦国時代だった16世紀に東シナ海、南シナ海、インド洋、そして大西洋を帆船で渡り、じつに10年近くもの時間をかけて極東の日本とヨーロッパとを往復し、双方の文化や文明を伝えた「日本最初のヨーロッパへの大使」だったのです。

その詳細は本書で語っていきますが、国際化が叫ばれ、交通や通信の手段が格段に進歩した現代にあっても、こんなに勇気と行動力がある人はめったにいません。私はサンマリノ大使として、そして現在は駐日大使全153カ国を代表する「駐日外交団長」として、各国と日本の友好親善のために尽くしていますが、その活動の原点はマンショたちにあるといっても過言ではありません。

しかもその大きな使命を、旅立ち当初は13、14歳でしかなかった少年たちが果たしたのです。こんな偉業は、全世界を見渡しても他に例がありません。マゼランやコロンブスの大陸発見は確かに大きな偉業ですが、あれは大人のナビゲーター（航海士）が、国王の依頼を受けて、巨額な資金を使ってなしえたもの。マンショたちの純真さや純粋な情熱を考えると、これは全人類的な偉業といっていいと思います。

ところが残念なのは、今まで日本の誰に聞いても、そのほとんどはマンショたちのことを知らなかったことです。

——なぜ日本人は、自分たちの先祖のこの偉業を知らないのだろう。もっと世界にアピールするべきなのに！

そう思い続けてきた私にとって、このタイミングでのマンショの肖像画の発見は、私の思いが神に通じたとしか思えません。天国のマンショに私の思いが通じて、肖像画としてこの世に出てきてくれたのです。

伊東マンショの肖像画の発見は神様からの贈り物

この絵を描いたとされるドメニコ・ティントレット（1560〜1635年）の父、ヤコポ・ティントレットは、16世紀の非常に高名な画家でした。ティントレットは絵の工房を持ち、ドメニコは、その工房で父の影響を受けて絵画を学んでいました。ドメニコがマンショを描いたそうですが、その絵をみれば、父の影響がみてとれます。当世最高の工房で絵を描いてもらうほど、マンショたちの存在は大きい意味を持っていたのです。

調査によれば、この絵（4ページ）に描かれたマンショたちの服装は、スペインかポルトガルの正装に似ているということです。この絵が描かれたヴェネツィアの服ではありません。とてもお洒落《しゃれ》で、この襟はこの時代の貴族か裕福な人が着ていたもので、被《かぶ》っている帽子もスペインやポルトガルの影響が強いものです。

ポルトガルやスペインという、当時を代表する大国の衣装を身にまとった、遠いアジアからやってきたお客様。当時のヴェネツィアの人にとっては、マンショたちは外の世界からやってきた若者でした。その出会いは、非常に大きな出来事でした。そして、当時のヨーロッパ人にとっても、彼らとの出会いは、とても意味のある大きな出来事でした。

肖像画が描かれたマンショは、使節団の中でもとてもカリスマ性を持った人物だったようです。黒い髪、黒い瞳、少し黄色がかった肌。そして、マンショたちは日本や旅の途中で学んだラテン語を操りました。初めて接する日本人は、ヴェネツィアの人々にとっては、とてもエキゾチックな存在であっただろうと想像されます。

今回発見された肖像画は、非常に大切な資料です。彼らのヴェネツィア滞在中の詳細は、さらに今後も歴史学者たちによって調べられると思います。

私は今度ヴェネツィアを訪ねるときには、美術史家のセルジオ・マリネッリ先生にお会いして、その詳細を伺ってこようと思っています。

いずれにしてもこの発見は、神様がマンショたちのことをもっと日本人に、そして、世界中の人々に知ってほしいと願って、届けてくれた贈り物なのではないか。

そう思わずにいられません。

そして、さらにマンショたちを生んだ日本という国は、もっともっと評価を得ていい国だと私は常々、思っています。

私は外国人ですが、長い間この国に住み、この国の文化に触れ、世界最古の歴史を目の当たりにして、本当に日々「感動」しています。

日本の四季の美しさ、日本人の逞しさ、しなやかさ、そして世界で最も平和的で自然に近いエコロジカルな日本の文化文明――本当に世界的に見ても、素晴らしい国と人々です。

日本は文化的には世界で最も進んでいた国だった

アメリカの駐日大使に赴任したキャロライン・ケネディさんが、来日直後にサンマリノ大使館を訪ねて来てくれました。彼女は、「日本のことを教えてください」といって、私にいろいろ聞いてきたのです。

ケネディ大使はマリンスポーツが大好きで、

「日本でおすすめのマリンスポーツのスポットはどこですか？」

と尋ねてきました。私は即座に、

「沖縄がいいです、沖縄はハワイよりいいです」

と教えました。すると彼女は、ぜひ行ってみたいと言っていました。

日本の若い人は、ほとんどがハワイを知っていますが、沖縄のことはあまり知らないようです。まだ行ったことがないという若者がほとんどです。なぜ沖縄を知らないうちからハワイに行くのでしょうか？

自分の国にいいところが山ほどあるのに、欧米に憧れる。日本人は自国のことをもっとよく知った方がいいと思います。

とにかく自分の国をよく見てください。沖縄の海はハワイに負けません。海水温度がハワイの海のように冷たくないので、長時間シュノーケリングすることができます。ハワイでは、長時間泳いでいると身体が冷えてしまいますが、沖縄では何時間海にいても平気です。温かい海だから、身体にもとてもいいのです。

アメリカ人は日本人とは逆で、自国のことはよく知っているけれど、アメリカ以外のことはあまり知らない傾向があります。アジアのことをあまり知らないアメリカ人の中には、日本と韓国と台湾が同じ言葉で、同じ国だと思っている人もいるのです。私はそういう人たちに対して、いつも「とんでもないです、全然違う文化です」と説明してい

日本に赴任後すぐに駐日外交団長である筆者の元を訪れた米国ケネディ駐日大使と会談

ます。

日本人は昔から凄かった、遅れた国ではなかった。むしろ進んだ国でした。

たとえば、世界で一番初めにファストフードが生まれたのは日本です。アメリカのマクドナルドが世界初ではありません。お弁当の原型となるおにぎりは平安時代に生まれました。また、江戸時代には、お寿司《すし》が生まれています。

当初お寿司は、魚の保存食として東南アジアから日本に入ってきました。魚の身をお米で包んで発酵させ、食べるときはお米を捨てて魚の身だけを食べていました。

日本の近海は世界的に見ても豊富な漁場で、多くの品種のたくさんの魚が獲れます。昔は保存方法がありませんでしたから、焼いたり煮たり、あるいは発酵させて「なれ鮨《ずし》」のようにして食べていました。ところが生魚の美味《おい》しさを知る日本人は、次第に今日の江戸前寿司に見るように、魚に多少の手を加えて（酢で締める、茹《ゆ》でる、等々）ご飯（酢飯）にのせて食べることを考案していきます。

その結果誕生したのが現在の「握り寿司」です。江戸時代には、屋台で食べるものでした。酢飯にのせる生魚のバリエーションも豊富で、あれ以上のファストフードは世界中を探してもありません。まだヨーロッパには、ファストフードという概念はなかった時代です。ファストフードを最初に考えたのは日本人だと思うのです。

この例に見るように、江戸時代から、日本の文化文明はとても進んでいました。ただ、世界中の人に知られてはいません。なぜなら、日本人には、自分たちの素晴らしい文化を世界に広めていこう、伝えていこうという習性があまり強くないからかもしれません。

日本でも多くの人が知らないのですが、古い神社仏閣の建設には釘《くぎ》が使われていません。大工職人が木材を非常に正確に切って、枘《ほぞ》を使って組み立てるのです。この技術は、日本が最初に編み出したものといわれています。ヨーロッパの職人は、そんな技術は知りません。木材を扱うときにも、枘組《ほぞぐ》みは使われなかった。エジプト時代でも釘があったそうです。あれだけ文明が栄えたギリシャでも、釘を使わない枘組みだけの工法は知らなかったのです。

それにしても、どうして日本だけがアジアの中でこんなに進んでいたのでしょうか。経済的にも繁栄しているし、人々の生活の規範を見ても素晴らしい。他のアジアの国をみると、まず個人主義が強いし、自分だけよければいいという国が多すぎます。日本人が持っている謙譲の美徳や、測隠の情といった概念は、他国にはみられません。

歴史的に見ても、日本は植民地になったこともなく、自国の文化文明にオリジナルなアイデアがありました。

中国は、ヨーロッパ列強の植民地になった歴史があります。それに、現政権の中国共産党の幹部たちは、国民が知識をつけて自由を求めるようになったら困ると思っているのでしょうか。

知識レベルが進むと、人々は党の言う通りには働かなくなります。いろいろな問題が出てくるので、できるだけおさえておきたいと思っている。あまり教養を深くさせないようにコントロールしているのではないか、と昔からヨーロッパのマスメディアは中国のことを見ています。

けれど日本は違います。特に明治時代以降はものすごく新しいアイデア、新しいことを取り入れてきました。特に欧米の文化文明を必死に学びました。それが現在の素晴らしい国力に繋がっているのです。

私が日本に魅了された理由

なぜ私がこんなにも日本を愛するようになったのか。

そのことにも触れておきましょう。

イタリア北部のシエナで生まれた私の少年時代、父の書斎には、古い日本のことを書いた書物がありました。今もイタリアの実家に残っています。日本の歴史の本なのですが、今から振り返れば極めて簡単なものでした。細かい歴史には触れていないのです。また、イタリアと日本は今ほど交流が盛んではなかったので、詳しい情報がなかったのです。

地元の高校を卒業するとパリの大学に進みましたが、そこにはアジア関連の書物がたくさんありました。だから、パリの大学にいる間に、アジア、特に日本に関してのいろいろなリサーチができたのです。

たとえば、紫式部の『源氏物語』は、世界で最初のノベル（小説）ですね。非常に面白く、これを読んで、日本の文化はとても魅力的だなと思いました。

そして、調べれば調べるほど日本という国への興味は膨らむ一方でした。日本は神秘的な国だと思うようになりました。ヨーロッパとはまったく違う文化や考え方があるということを知りました。昔の日本では、女性と男性が銭湯とか温泉に一緒に入る、混浴という文化があると知って、いいなと思ったりしたこともあります。いえ、興味本位ではありません。人間は誰でも裸で生まれてきます。だから一緒におふろに入るのも自然です。子どもに戻るみたいでいいなぁと思ったのです。悪いことではありません。

また日本人は、とても自然な民族だと思いました。日本の神道では、後述するように自然にも神が宿ると信じられています。今日、日本にそういう考えが薄まってしまったのは、明治時代から、欧米人が新しい習慣を持ってきたからではないでしょうか。特に第二次世界大戦の後、欧米文化が大きな影響を及ぼしたと思います。

昔から日本人はとても自然体で、世界中でもネーチャーに一番近い民族です。綺麗好きだし、食べ物も繊細です。とても洗練された民族です。総じていえば、知的レベルの高い人が多いです。洋服も綺麗で、特に女性の夏の浴衣などはとてもエレガントだと思います。

ヨーロッパとはまったく別の世界だから、私はとても憧れたのです。現在も、ヨーロッパの知的レベルの高い人からは、日本に対する強い憧れを感じます。

武道の礼儀とマナーに感動した

学生時代には、出身地の道場で柔道もやりました。16歳から20歳まで稽古をしたので、結構上手になりました。身長があまり高くないので、巴《ともえ》投げとか、背負い投げなどを得意技としていました。足払いは苦手でしたね。

イタリアでは、柔道は今も人気があります。また、同じヨーロッパのフランスの柔道人気はそれ以上にすさまじく、世界一の約80万人の柔道人口を誇っています。

柔道をはじめとする日本の武道では、身体だけではなくて頭脳も非常に鍛えられます。柔道は護身術ですから、いざというときには頭脳と身体が瞬時につながり、身を守ってくれます。当時の先生がアスファルトで転んだときも、最初は痛がっていましたが、怪《け》我《が》はしませんでした。見事に受身をとっていたのです。

柔道の稽古を続けたおかげで身体が丈夫になりましたし、転んでも痛くない。上手な転びかたが自然と身についていました。

さらに武道では、礼儀やマナーが大切な基礎となっているところも素晴らしい。試合も、お互いにお辞儀をしてから始めます。これはとても気に入りました。闘う相手に対しても、お互いに尊敬の念があるし、礼儀がある。これはレスリングなどヨーロッパの格闘技にはないものです。非常に重要なことだと思います。

勝った者は、負けた人間の前ではしゃいではいけないという不文律もあります。これは「相手を尊重し、相手を敬う」という精神から来たものです。もちろん、勝負ですから勝ち負けに拘《こだわ》ることもあるでしょう。しかし、それだけではない。何よりもフェアプレーの精神で全力を出し切ることに意義があるのです。負けることは恥ずかしいことではありません。だから試合後も同様に、勝った人も負けた人も、互いにお辞儀をして讃《たた》え合います。

まさに世界に誇る文化だと思います。

本書では、このように私が体験したり学んだり調べたりした日本の文化文明の魅力・

素晴らしさを、異文化の視点から語っていこうと思っています。日本人が知らない日本の魅力、気づいていない日本文化の奥深さ、そういうものを発見していただけたら幸いです。

世界が憧れる日本と日本人――。

そのことを、本書で再発見してください。

だから日本は世界から尊敬される ▩ 目次

第2章　心から尊敬申し上げる天皇皇后両陛下の大御心

第3章　世界中が憧れる日本の文化

第1章

神道《しんとう》の教えが世界を感動させる

サンマリノで建立された神社は日本の宮大工の指導のもと、現地の職人たちと共に組み立てられた（写真は完成前の4月時点のもの）

ヨーロッパで初の神社本庁公認神社が建立《こんりゅう》される

2014年6月、ヨーロッパで初めて、日本の神社本庁が認めた本格的な神社が建立されます。その神社を我が国・サンマリノ共和国に建立できたことは誠に光栄です。

いうまでもなく、神社本庁とは神宮（伊勢神宮）を本宗《ほんそう》とし、日本各地の約8万社の神社を包括する総本山です。

ヨーロッパ初の神社本庁公認の神社は2012年に建立予定でしたが、様々な準備などがあり、2014年に建立となりました。神社本庁の田中恆清総長が、ご多忙のためになかなかヨーロッパへおいでいただける機会がなかったことが、建立の遅れた大きな理由ですが、それ以外にもすべての神社の建材を日本からヨーロッパへ輸送するなど、想定以上の課題をクリアしなくてはなりませんでした。

神社の建材や灯籠などは、三重県伊勢市で作られました。すべての建材は一度組み立てられ、確認されました。組み立てた建材は解体され、２０１４年3月に船でイタリアまで運びました。イタリアで陸揚げされた建材は、陸送でサンマリノまで運ばれ、日本からいらした宮大工さんとサンマリノの建築会社の職人が力を合わせて組み立てられました。序章でも書きましたが、日本の神社の建物は、釘一本使われていません。すべて柄組みという、精巧な技術でつくられています。木の文化である日本独自の建築技術が、初めてサンマリノで披露されたのです。

もともと石の文化であるヨーロッパの大工さんにはなかなか理解できない技術なので、大勢の建築を学ぶ学生たちが、その技術を見学にやってきました。

また、私は日本の神社の遷宮《せんぐう》というシステムも素晴らしいと思っています。日本の神社の総本山である伊勢神宮では20年に1度式年遷宮が行われることは有名です。

私も、2013年の遷宮の時に伊勢神宮から招待されて、貴重な機会に立ち会わせていただきました。一般の人は入れない特別な儀式（遷御《せんぎょ》の儀）に、外国人参列者4人のうちのひとりとして参列いたしましたが、それは厳かで素晴らしいものでした。数時間に及ぶ遷御の儀の間、参列者はおしゃべりもせず、儀式が終わるまでじっとしています。このような忍耐力を目の当たりにして、ヨーロッパ人である私は驚愕《きょうがく》しました。

式年遷宮は「ものづくりの国の伝統」を守るための知恵

伊勢神宮は、皇室の氏神《うじがみ》様である天照大御神《あまてらすおおみかみ》（太陽を神格化した神様）を祀《まつ》る皇大神宮（一般には内宮《ないくう》）と、衣食住の守り神である豊受大御神《とようけのおおみかみ》を祀る豊受大神宮（一般には外宮《げくう》）の2つの正宮《しょうぐう》からなっています。正式名称は「神宮」。伊勢という言葉はつきません。昔から親しみを込めて「お伊勢さん」「大神宮さん」とも呼ばれ、江戸時代にはお伊勢参りが一大ブームになったとも聞きました。

第二次世界大戦後、宗教法人神社庁の発足により、神宮は全国神社の本宗とされました。つまり、サンマリノにできる神社も、神宮を頂点とする巨大な神道のヒエラルキーの1つとして誕生することになります。神宮の内宮前には神宮司庁があり、神職約100名が奉職しています。

前述したように、式年遷宮は、原則として20年ごとに行われ、内外両宮の正殿をはじめとして、別宮以外の神社の正殿をつくりかえ、神座を遷《うつ》し、計65棟の殿舎をつくり替える儀式をさします。

神宮は、この式年遷宮を絶やさないために、伊勢市南部に約5500ヘクタールの神宮宮域林を持っています。五十鈴川の水源である3つの山に広がる森林で、毎年約2万本もの檜《ひのき》の植樹が行われ、御用材を自給することを目指しています。

また、建物を建てる大工の技術や、各種装飾品をつくり替える職人の技術も同様です。この遷宮によって20年に1度、各種の職人技が発揮されることになり、結果的に古い技術や伝統的な手法が維持継承されます。このための職人たちは全国に散っているため、神宮の式年遷宮を目指して、何年も前から全国のあらゆる分野の職人たちが技を磨くことなるのです。

日本という「ものづくりの国」の伝統を守るための、素晴らしい知恵だと私は思います。

記録によれば、式年遷宮は飛鳥時代の天武《てんむ》天皇が定め、持統《じとう》天皇の時代（690年）に第1回目が行われたそうです。その後、戦国時代（15〜16世紀）の中断や、何度かの延期はあったものの、現在までおよそ1300年以上にわたって行われています。

こんなに長く続いている伝統行事は、世界にも他に例がありません。神宮は、日本の象徴である皇室の守り神ですから、日本書紀の記述によれば2600年間以上の歴史を持つ皇室と共にあるわけです。

だからこそ、前述したように遷御の儀のときには、参加者は長時間黙って儀式を見つめ、トイレにも行かず、言葉を発しないのです。それほど神道に対する敬意は深いのだと思わずにいられません。日本人なら誰でも、伊勢神宮の中に入ると、心の安らぎを覚えるのだと言います。

私は外国人ですが、同じように感じました。

日本文化のシンボル「神道」

この神宮を頂点とする神社に神様をお招きし、お鎮まりいただいて、神様にご奉仕することを旨とする「神道」は、私たち外国人からみると非常にエキゾチックであり、日本の文化と日本人の精神性を示すシンボルといえると思います。

神道は、山や川など自然現象を敬い、それらに八百万《やおよろず》の神を見いだす多神教の宗教です。自然と神は一体と認識され、神と人間を取り結ぶのが神社で行われる各種祭礼です。日本人ならば、誰でも経験や記憶があるはずです。外国人である私ですら、いろいろな神社でいろいろなお祭りを経験して、どれもすごく思い出に残っています。

神社で行われるお祭りをいくつかご紹介しましょう（参考、神社本庁ホームページ）。

歳旦祭《さいたんさい》は、新年を祝い、皇室の繁栄と国の発展と、氏子と地域の平和と繁栄を祈る祭りです。

祈年祭《きねんさい》は、２月17日に行われ、日本人の主食であるお米（稲）の豊穣《ほうじょう》をはじめとして、あらゆる産業の発展や国力の充実が祈られます。

新嘗祭《にいなめさい》は、11月23日、皇室の弥栄《いやさか》と国家・国民の安泰を祈るお祭りで、大祭にあたります。祈年祭の対をなし、1年間の収穫や発展、充実を感謝するお祭りです。

また、神社ごとに祀られている神様にも特色があります。代表的なものをいくつかご紹介しましょう。

神明様《しんめいさま》。一般的にいう神明様は、神宮で祀られている天照大御神を各地でお祀りする神社です。「天地神明に誓って〜」というフレーズがありますが、そう言って嘘《うそ》をついたら、すべての神様に嘘を言うことになるので、もう生きてはいけません。

お稲荷《いなり》様。稲荷の語源は「イネナリ（稲成）」、稲の生育を司《つかさど》る神様を示しています。もとは農業の神様でしたが、現在では広く商業、産業を守る神様といわれています。

八幡《はちまん》様。第15代天皇の応神天皇をはじめとする神様を祀っています。源頼朝によって鎌倉に幕府が開かれてからは、鶴岡八幡宮への信仰が高まり、武家の守護神として各地に祀られるようになりました。

天神《てんじん》様。学問の神様である菅原道真公をお祀りする神社です。道真公は平安時代の学者で、叡智《えいち》に秀でた人でした。遠く太宰府まで流されて59歳のときに亡くなりました。

その墓所が整えられて、現在の太宰府天満宮になっています。

住吉様《すみよし》。古事記と日本書紀には、神功皇后が新羅《しらぎ》に出生した際に、住吉様のご加護で無事戦勝を果たしたという記録がみられます。そのことから、海上安全守護として、海にまつわる漁業、水にまつわる農業の神様です。和歌の神様としても広く信仰されています。

お諏訪《すわ》様。中世には武勇の神として武家の信仰を集めました。風雨の神、鍛冶の神、農耕・狩猟・開拓の守護神として、幅広く庶民から信仰を集めています。

このように神道は、日本人の暮らしの中から生まれた信仰です。遠い昔から、日本人は稲作や農業、漁業を通じて、自然とともに暮らしてきました。

当然、自然の恵みを得る一方で、台風や地震、津波、雷、山火事など、自然の脅威にも耐えていかなければなりませんでした。人々はそんな自然現象に、神々の働きを感知し、それを崇《あが》めることで、作物の豊穣、子孫の繁栄、社会の発展を祈ってきたのです。

人々は自然と生命の大切さを実感し、あらゆるものを生み出す生命力も神々の働きと捉えました。清浄な岩や樹木、山、滝なども神宿るものとして祀りました。祭りの場所には建物が建てられ、それが神社となりました。

現在の日本の象徴である皇室は、その神道の中心として機能してきました。皇室では、天皇陛下が国家・国民の平和と安寧を祈る様々な祭祀をされています。

そのように、国家の中心が皇室と神道というように、ぶれていないからこそ、日本という国は千年以上もの長きにわたって、君主国としての機能を維持してきたのだと私は思います。

神社本庁の田中総長には、すでにサンマリノ共和国に3度訪問していただいています。サンマリノはキリスト教の国ですが、田中総長はいつも喜んで来てくれます。駐日ヴァチカン大使も、私と一緒に伊勢神宮に参拝されたことがありますが、ローマンカトリック教会と神社本庁はお互いに尊敬し合っている間柄だと思います。

2014年6月のヨーロッパ初のオープニングセレモニーには、安倍晋三首相のお母様が参列されたいと仰ってましたし、麻生太郎副総理の奥様も多忙なスケジュールの中、参列の意向を示されました。

ヨーロッパ人にとっては、神社はとても興味があるものです。日本という国の文化の真髄は神社にあるし、ヨーロッパ人から見た日本のイメージは神社そのものなのです。だから、サンマリノに神社が建立できるのは、日本とヨーロッパの親善において非常に重要なことだと私は考えています。

靖国神社を救ったのはカトリック教会

私は敬虔《けいけん》なローマンカトリックの信者です。それでも神道の素晴らしさはわかります。神道は自然を神と崇めて大事にしつつも、他の宗教に対しても寛容であるので、広い視野で物事を捉えることができる宗教だと思います。そのような神道の神社を母国に建立できることは望外の幸せでもあります。

じつはカトリックと靖国神社は深い因縁があるのです。

第二次世界大戦後、GHQ（連合国軍最高司令官総司令部）内には、靖国神社を軍国主義の象徴と見なし、焼き払った上に跡地をドッグレース場にしようとした動きがあったそうです。これには賛否両論があり、マッカーサー司令官も答えを出せずにいたようです。そこで、司令官は当時、ローマ教皇庁（ヴァチカン）の臨時駐日代表ブルーノ・ヴィッテル神父に意見を求めました。するとヴィッテル神父は、

「いかなる国も、その国に殉じた兵士に対して、敬意を表す権利と義務があり、それは戦勝国、敗戦国問わず平等である。もし、アメリカ陸軍が靖国神社を焼却したならば、米陸軍の歴史に永久に消すことのできない汚点を刻むことになるだろう」

と、進言し、司令官は靖国神社焼却中止命令を出したそうです。

アメリカン・カトリック教会のメリノール宣教会のパトリック・バーン神父も、戦後の靖国神社存続に尽力しました。彼の手紙には次のような一文があったそうです。

「国家神道は愛国心の表明以上の何者でもない。それはプロテスタントとカトリック、ユダヤの教徒がアーリントンの無名戦士の墓で花輪を供えるようなものだ」（京都司教区カトリック高野教会「バーン司教の足跡」より）

このような経緯があったことを考えると、クリスチャンである私たちヨーロッパ人がサンマリノに神社本庁公認の神社を建立できることは本当に感慨深いものがあります。

私は、各国の大使を前に、靖国神社の本来の意味についてレクチャーしたこともあり

筆者は靖国神社に赴いて神道の素晴らしさをスピーチしたこともある

ます。また靖国神社においても神道の素晴らしさをスピーチしたこともあります。

靖国神社のことは、国際的にも凄くナーバスなことになっていますが、私が思うに、靖国神社のことについて、特に中国や韓国はとても大きな誤解をしているのではないでしょうか。

靖国神社は１４５年前にできた神社です。第二次世界大戦のずっと前です。靖国神社のような、国を守るために亡くなった軍人を慰霊するメモリアルなお祈りの場所は、世界中どこにでもあります。イタリアには、ローマにヴィットリオ・エマヌエーレ２世記念堂がありますし、アメリカにはワシントンDC近郊にあります。ドイツにも、フランスにもあります。

それが、日本ではたまたま靖国神社なのです。だから、一部の国が言っている、「靖国神社には日本の戦争犯罪人も祀られている」と一方的に非難するのは、ナンセンスなことだと私は思います。ヴィッテル神父やバーン神父の考え方をぜひ知ってほしいと思います。

戦争の時は、平時の基準で考えたら誰もが犯罪人です。人間は良い面と悪い面を持ち合わせています。ですが、戦争となると平常心を失います。自分で自分をコントロールできなくなってしまうのです。躊躇《ちゅうちょ》したら自分が殺されてしまう。だから、戦争に勝者はいないのです。勝者も敗者も、戦争の犠牲者なのです。

昔のことを蒸し返すだけでは意味がありません。世界には様々な意見があるのは承知していますが、なぜ日本だけが戦争で悪いことをしたようにいわれないといけないのでしょうか? 戦勝国も敗戦国も共に、戦争では残虐な行為をしています。

しかも、第二次世界大戦から70年近く経《た》っているのです。戦争の記憶は消せません。しかし、戦争反対の考えを広めることはできます。

ヨーロッパの国々はドイツの戦時中の悪行を２度と繰り返さないように注視し、同時に共に、未来に向かって進んでいます。

だからもし、中国と韓国が本当に平和を望んでいるなら、日本を罵ることよりも、まずは世界大戦を２度と起こさないようにすることです。若い人が、戦争を悪いことだと理解して２度としないように教育しなければいけません。そして、そこから未来のことを考えるべきでしょう。

また、日本政府も、戦争当時のことをもっとしっかりと説明するべきです。靖国神社は、戦犯だけを祀《まつ》っているのではありません。

「靖国で会おう」と言い合って、若者たちがお国のために命をなげうちました。もちろん、日本という国家を守るためですが、本当のところは愛する家族たちを守るためだったのではないでしょうか。靖国神社はそんな彼らの霊を慰めるところです。またこうした過ちが繰り返されることがないように祈っているということを、世界に向かってしっかりと言うべきだと私は思います。

サイパンにも日本の神社がある

私はダイビングが趣味なので、いろいろな島へ潜りに行きますが、大好きな島の一つがサイパンです。サイパンは素晴らしい。治安が良く、女性が多いから平和なのだと思います。一方、近隣のグアム島は男性が多くて女性が少ない印象で、毎晩のようにトラブルが起きている気がします。また、グアムにはアメリカの軍人がいますが、サイパンには軍人がいません。サイパンはグアムよりも物価が安いし、海も綺麗《きれい》です。

もう一つ、サイパンにある特別なものをご存じですか？

それは、神社です。

サイパンには「香取神社」があります。すでに100年以上の歴史を持つ、伝統のある神社です。

私は、2014年の初詣は香取神社に行きました。ダイビングのために滞在していたので、家内とともに新しい年がいい年になるように、日本とサンマリノの人々が健康に暮らせるように、香取神社にお祈りしてきました。

日本の人は、サイパンに神社があることを知らない人が多いと思いますが、見ていると、ときどきバスで何十人もの日本人がお祈りにやってきます。おそらく、第二次世界大戦のときに、「バンザイクリフ」から飛び下りて自決して亡くなった方々のご遺族や、軍人さんのご遺族ではないでしょうか。

第二次世界大戦の最中、サイパンは激戦地の一つで、多くの方が亡くなりました。だから戦後はその魂を鎮めるのも、香取神社の役割の一つになっています。

しかし、香取神社が建立されたのは、もっとずっと前のこと。当時サイパンは日本の領土でした。

現在でも、まだサイパンには、昔の日本の鉄道の線路や刑務所、病院などの建物が残っています。本当は、サイパンの人々は日本人になりたかったのだと聞いたことがあります。現在はアメリカの自治領ですが、アメリカ人ではなくて、むしろ日本人になりたかったそうです。決して戦前に日本の領土にされたことを悔やんではいないのです。

その証拠に、香取神社のことを地元の人々も大切にしています。そういう歴史があることも、日本人には知ってほしいと思っています。

ハワイは日本と連合したかった

サイパンだけではありません。歴史を振り返ると、ハワイ人のカメハメハ大王の孫にあたるカラカウワ大王が、1881年に来日しています。当時の日本は、タイなどと並ぶ有色人種での独立国。有色人種の希望の国だったのです。

そしてこれが、外国の大王が日本に来た、最初の出来事でもありました。

来日したカラカウワ大王は、アメリカ人の随行員らの目を盗んで、日本人通訳のみを連れ、密《ひそ》かに赤坂離宮を訪れて明治天皇との会見を願い出ました。夜中の訪問でしたが、明治天皇は異国の大王が直々に来たということで、ご会見に応じられたのです。

その会見で大王は、明治天皇にハワイ王国の窮状を述べました。そして、日本に協力を要請したのです。

歴史的に、欧米の植民地にされた国では、ほぼ7~8割の人口が減っていきます。ハワイも例外でなく、ハワイを初めて見つけたイギリスのキャプテン・クックが来島した当初、30万人近くいた先住民はその後5万人近くにまで減りました。そこで、カラカウワ大王は、日本人移民の実現や、やがて王位を継ぐことになる姪《めい》のカイウラニ王女と日本の皇族の山階宮定麿《やましなのみやさだまろ》親王との婚約を打診されました。さらにはハワイを日本と連合したいとまで申し出たほどでした。そして、日本によるアジア連邦の実現も唱えたのです。

当時は明治維新から時間が経っていなかったこともあり、日本はアメリカに対抗できるだけの力を持っていなかったので、カイウラニ王女と山階宮定麿親王との婚約はお断りになられましたが、１８８６年には、日布渡航条約に基づきハワイへの移民が始まりました。

当時は、王室のシェフも、料理の管理をする人も、みな日本人でした。それほど、ハワイの現地の人々は親日的な民族でした。ハワイ・ホノルルにあるハワイ日本文化センターには、日本のものがたくさん展示されています。ここには、ハワイに移住した日本人の歴史や日系人の活躍、ハワイに根付いた日本文化などが展示されているほか、剣道、空手、合気道など日本の武道や日本文化のイヴェントなどが開かれ、地域の人々に広く親しまれています。

余談となりますが、アロハシャツの起源も、たくさんの野菜をハワイに持ち込んだのも、家にあがるときに靴を脱ぐ習慣をハワイに定着させたのも、日本人だといわれています。もしも当時、日本とハワイの間で渡航条約が締結されていなかったら、今のハワイはまったく別の姿になっていたかもしれません。

話を元に戻しましょう。

日本が断腸の思いでハワイの大王の申し出を断ったのは前述したとおりですが、その結果、ハワイはアメリカの領土となりました。

もし現在でもハワイやグアム、サイパンが日本の領土だったら、世界の勢力はすごく変わっているでしょう。

そもそもアメリカが太平洋の島々を占有したかったのは、当時盛んだった捕鯨漁のためで、捕鯨船が水や食料を補給する基地が太平洋の各地に欲しかったからです。だから、ハワイやサイパンを自分たちの領土にしていったのです。

１８９８年にハワイがアメリカの領土になる前に、ハワイの大王はイギリスにも助けを求めています。ところがあの時代、ヨーロッパ各国はハワイを守る気持ちはありませんでした。ヨーロッパとハワイは距離が遠く離れています。遠征するにもとてもお金がかかるし、石油が出るわけでもダイヤモンドが出るわけでもないですから、領土にする意味がなかったのです。

もちろん、東西冷戦以降は、軍事的な意味が強くなりました。ハワイやサイパンが他国の領土になると、太平洋地域のコントロールができなくなります。だからアメリカは、観光以外に何の産業もない小さな島にも興味を持ち、統治しているのです。

アメリカの準州になった現在のグアムは、島の中は軍の飛行場ばかりです。また軍隊が地元の最大の産業になっています。

もともとグアムやサイパンの、あらゆるインフラはすべて日本がつくったものです。日本は南方の島々の統治にすごくお金をかけていました。今も日本人観光客がひっきりなしに訪れている両島の基をつくったのはそもそも日本人だったことを、現代の日本人はもっと認識すべきだと思います。

日本にしかない「もったいない」「いただきます」の精神

神道を国家精神の基本にしている日本という国と日本人は、世界的にみてもエコロジカルで平和的な民族です。

たとえば「もったいない」という言葉には、物や食べ物などすべての中に神様が宿っているという考えが込められています。どんなものでも生命があるものに対して、その生命を使い切らずに捨てたり新しいものに代えたりしてしまうのは「もったいない」。

食べ物に対しても、食事の前に必ず「いただきます」というのは、野菜や魚、肉等の生き物の生命を料理して人間が「いただく」という感謝の意味が含まれています。「ご馳走様《ちそうさま》」も同様です。食材をつくってくれた人や獲《と》ってきてくれた人、料理をつくってくれた人たちへの感謝だけではなく、生命をくれた食材に対しての感謝の意味があるのです。

日本人の多くは、たとえばひとりで食事をするときも、食べる前には「いただきます」、食べ終わったら「ご馳走様」と言うでしょう。中には胸の前で両手を合わせる人もいます。声には出さない人でも、心の中ではそう思っているはずです。

日本人の主食であるお米にも「もったいない」の精神が宿っています。ご飯を一粒も残さずにきれいに食べる日本人はとても多いです。彼らに話を聞くと、

「ご飯粒を残すと目が潰れる」

「農家の人が1年かけてつくったものを残すことは罰当たりなことだ」

と、いうようなことを祖父母らに耳にタコができるほど言い聞かされてきたそうです。

前述したように、稲作は神事であり、中でも最も大切な祭りは神嘗祭《かんなめさい》と新嘗祭です。神嘗祭は新米を天照大御神に捧《ささ》げるもので、新嘗祭は天皇陛下が自らお育てになったその年の新米を神々にお供えになり、五穀豊穣を御祈願される神聖なもの。それゆえ、お米に対しては特別な意味を持っているのです。

ところが、日本人以外の民族では、そういうことはありません。そこに料理をつくったりサービスしてくれたりした人がいたら「サンキュー、メルシー、グラッチェ、シェシェ」とは言いますが、敬虔なクリスチャンでなければ黙って食事を始めて、黙って食事を終える人もたくさんいます。

日本人にとっては当たり前すぎて、そんなことには気づかないと思いますが、私はヨーロッパからやってきた時に、このことには本当に驚きました。そして素晴らしいと思いました。

本当に日本人は、礼儀正しく、環境に優しく、平和的な民族なのです。

東日本大震災で見せた道徳心の高さに、世界が驚いた

2011年3月11日。未曾有の被害をもたらした東日本大震災。2万人を超す犠牲者が出た凄惨な現場のことは、ここで繰り返すまでもないでしょう。一方で、あの大災害は日本人の持つ高い道徳心を世界に知らしめたことも事実です。

被災地では住民が、ルールを守って整然と列に並び、食べ物の配給を待ち続けました。子どもを抱いたお母さん、お年寄りもです。中には、配られた食べ物を他人の子どもたちに分け与えたり、海外から取材に来たジャーナリストにまでお菓子を配ったりするお年寄りの姿が映し出されました。

犠牲者の捜索をする自衛隊員や、がれき処理の手伝いに訪れたボランティアに対しても、「ありがとうございます」と、頭を下げる被災者の姿には、深い感動を覚えました。それくらい、日本人の道徳心は世界に誇るほど素晴らしいのです。

「世界で最もグレイトな国だ」

「1件の強奪もないなんて信じられない国だ」

などと、世界各国のメディアは日本人を大絶賛しました。

世界の多くの国ではこんなことはありえません。もちろん、すべての国とは言いませんが、これだけの大災害が起きれば、パニックに陥り大混乱が起きるでしょう。配給の順番を待つどころか、スーパーなどに押し入り、略奪行為に走ることが当たり前のようになっています。貧しい国だけで起こる光景ではありません。日本同様、豊かな先進国でさえも、このような状況になると規律など関係なく、自分勝手な行動を起こすのです。

事実、海外で起きた災害の際に、そういう行為を平然と行い、商品が空っぽになったスーパーの棚を映し出す光景をテレビ報道などでご覧になった方もいるはずです。

日本では「個」よりも「和」が尊いものとされています。互いに相手を大切にし、協力し合うことです。『日本書紀』によれば、推古天皇12年4月に聖徳太子が制定した十七条の憲法の第一条でも触れた「和を以《もっ》て貴しとなす」の精神がずっと引き継がれているのです。

120年以上経ってもトルコが日本に感謝する理由

日本人がいかに他人を思いやる気持ちを大切にしてきたか、決して忘れてはならない、いや知っておくべき歴史があります。

今から124年前の1890年、オスマントルコ帝国の木造船・エルトゥールル号に乗った使節団が横浜港に来日し、明治天皇に拝謁しました。皇帝親書を明治天皇に奉呈した使節団一行は、オスマン帝国最初の親善訪日使節団として歓迎されました。

しかし、悲劇は横浜港から帰国する途中で起きます。同号は紀伊半島の和歌山県串本町沖で座礁、乗員600人以上が海に投げ出されました。何とか陸に辿り着いた生存者らが村の住人に事故を知らせると、住人たちが総出で生存者の介抱に当たったのです。

このとき、村人たちは貧しかったのにもかかわらず、浴衣などの衣類を提供し、卵やサツマイモ、非常用のニワトリまで供出して生存者の救護に努めたのです。結果、６００人近くの犠牲者を出したものの、69人の命が救われました。

そして、生存者は神戸へと搬送され、回復を待って母国に帰ることとなりました。明治天皇も大いに御心を痛められ、可能な限りの援助を行うよう指示されました。各新聞社がニュースで大きく扱うと全国各地から多くの義援金、弔慰金が寄せられました。

それだけではありません。この事故に衝撃を受けた山田寅次郎という人物が、個人として義援金を集めるために全国を行脚しました。それで集まった義援金を携えてオスマン帝国の首都・イスタンブールへと渡りました。彼がオスマン帝国の国民から熱烈な歓迎を受けたのは当然のことでした。さらに彼はそのままオスマン帝国に残ることを決意し、その後20年間、日本との貿易の道を切り開きました。

何と美しい話でしょう。

まったく見ず知らずの、しかも異国の言葉も通じ合わない人々のために、そこまで日本人は献身的に尽くしたのです。

この話には素晴らしい続きがあります。

この事故から95年後の1985年、イラン・イラク戦争でのことです。当時のイラクのサダム・フセイン大統領はイラン上空を飛行する航空機に対して、期限を定めた無差別攻撃宣言を出しました。各国はイラン在住の自国民を救うために、軍用機や旅客機などを出しました。しかし、当時の日本の法律では自衛隊を海外派遣することが認められていなかったために、航空自衛隊が出動できませんでした。

日本政府は民間航空会社にイラン行きの臨時便を出すよう要請しましたが、航空会社は乗務員の安全が確保できないとしてこれを断りました。困ったのはテヘランのメヘラーバード国際空港に取り残された215人の在留邦人です。いつ爆撃されるのかもわからない不安な時を過ごしていました。

困り果てた当時の日本の駐イラン大使が、トルコのビルレル大使に相談を持ちかけたところ、ビルレル大使はこう言ってくれたそうです。

「直ちに本国に求め、救援機を派遣させましょう。トルコ人なら誰でもエルトゥールル号遭難の際に受けた恩義を知っています。ご恩返しをいたします」

こうして、トルコ航空は自国民救援のための最終便を増やしてくれました。これによって、215人の日本人全員が無事に帰国することができたのです。

しかも驚いたことに、トルコはイランから近いため陸路で脱出できる自国民よりも日本人を優先して救出したのです。私は「義理・人情」という言葉が大好きです。日本人も素晴らしいですが、はるか昔の恩義を忘れずにいたトルコという国にも敬意を表したいと思います。

「自衛隊よ、帰らないでくれ!」

先述した東日本大震災での自衛隊の活躍は、日本だけでなく世界の人々をも感動させました。被災者を懸命に救助する自衛隊員。遺体捜索をするにしても、遺体が下にあるであろうがれきの上には乗らずに、手作業で取り除く自衛隊員が多かったと聞きます。

遺族が、

「気にしないでいいですよ」

と、気づかっても、自衛隊員らは、

「身体に傷がついたらかわいそうじゃないですか」

と、優しく言葉を返して、黙々と作業を続けたそうです。

また、彼らの任務の一つに炊き出しがありました。配給されるものがおにぎりやパンといった冷たいものが多かったため、少しでも温かいものを被災者に食べてもらおうと炊きたてのご飯、熱い味噌汁《みそしる》におかずを用意して振る舞いました。しかし、彼ら自身は決してそれらを口にしようとはしませんでした。

彼らが毎食、食べていたのは野戦用の缶詰だったのです。

おふろに関しても同様です。彼らは被災者の方々が全員入ったのを確かめてから、最後に汚れた浴槽で泥だらけの身体を洗っていました。

時間が経つにつれ、落ち着きを取り戻してくると、被災者たちとの対話に努めます。お年寄りと世間話をし、小さな子どもの遊び相手になり彼らの心のケアに努めたのです。

だから、自衛隊が任務を終えて撤収するときには、地域の人々が見送りに出てきて、「どうもありがとう!」という声があちこちからかかったのです。

自衛隊に感謝する声は日本だけではありません。

私は戦争に勝者はいない、と考えていることはすでに述べたとおりです。どんな戦争でも、やっていい戦争などありません。先のイラク戦争においても、イスラム社会の人々の心は深く傷つけられました。そのイラクで唯一、感謝されているのが日本の自衛隊なのです。

自衛隊の海外派遣は物議を醸《かも》しましたが、イラク国民からは絶大な人気がありました。現地の人々のことを考えて、破壊された道路や水道の補修を黙々とこなしました。その姿に当初、懐疑的に見ていた現地の人々の見る目が変わったのです。自衛隊員たちが寝泊まりする野営地にロケット弾が撃ち込まれると、真っ先に多数のイラク人が訪れて謝罪したと聞きます。

自衛隊が任務を終了し、撤収を始めると大勢のイラク人が集まり、騒ぎ始めました。しかし、その内容たるや自衛隊への感謝の言葉でした。「帰らないでくれ」と、書かれたプラカードまであったそうです。

それまで異国の軍隊に対して、敵対心を抱いていたイラク人の心を動かしたのは自衛隊員たちの実直で真摯な姿勢であったことはいうまでもありません。

日本のシンドラー

東日本大震災において、アメリカの「トモダチ作戦」が注目を浴びましたが、じつはどこの国よりも早く医療チームを派遣してくれた国があります。

それは、日本から遠く9000km も離れたイスラエルです。

なぜイスラエルなのか。それは外交官として、いや人間として、私が尊敬するひとりの日本人外交官への恩義を同国は忘れていなかったからです。

杉浦千畝《ちうね》(通称センポ)。第二次世界大戦時の駐リトアニア日本国領事館の副領事です。彼のことは、近年多くの日本人にも知られるようになりましたが、その勇気ある行動を称え、あらためて記しておきたいと思います。

1939年、日本、イタリアと三国同盟を結んでいたヒットラー率いるナチスドイツがポーランドに侵攻し、ユダヤ人を迫害します。残忍な方法で多くのユダヤ人を虐殺しました。恐れたユダヤ人たちは第三国に出国するために、日本の領事館に日本の通過ビザの発給を求めました。杉原氏はドイツ軍の残虐な行為を知り、人道的立場からユダヤ人を助けようとします。しかし、前述したようにドイツとは同盟国。ユダヤ人を逃がすことはヒットラーへの敵対行為に当たります。日本の外務省にビザ発給の許可を求める請訓電報を2度打ちますが、いずれも拒んできました。それどころかナチスに命を狙われる可能性さえありました。

それでも彼が選んだ道は、本省の指示を無視してビザを発給することでした。来る日も来る日も、手書きでビザを書き続けました。1日に300人分です。日本からの退去命令で同国を出国せざるを得なくなりますが、汽車が出発する直前まで、居並ぶユダヤ人のために万年筆を走らせ続けました。汽車が出発する時には、

「許してください。もう書けない。皆さんの無事を祈っています」

と、頭を下げました。集まっていたユダヤ人たちからは、「ありがとう、センポ」の叫び声が起こりました。彼の勇気ある行動で助かったユダヤ人は6000人にも及びます。

しかし、戦後帰国した杉原氏は命令に背いたとして外務省から退職することを余儀な

くされます。彼の功績は知られないまま、時が過ぎます。イスラエル政府から日本人初の「諸国民の中の正義の人賞」を授けられたのは86歳で亡くなる前年の１９８５年。日本政府がその功績を正式に認めたのはそれから15年も経った２０００年のことでした。

今では１２００人のユダヤ人を救ったオスカー・シンドラーにちなんで日本のシンドラーと評されています。そして、現在もイスラエル国民、及び世界のユダヤ人から偉大な人物として顕彰されています。外交官として、彼のような信念を持ち続けたい。私の目標でもあります。

※

本章では日本がいかに他国に貢献し、慕われてきたかを記しました。ですが、その根っこには神道の教えがあるように思えてなりません。次章では神道とゆかりの深い天皇陛下のことについて記させていただきたいと思います。

第2章

心から尊敬申し上げる天皇皇后両陛下の大御心

緊張する、天皇陛下のお誕生日での祝賀スピーチ

２０１３年12月23日。この日は朝から、身に余る光栄な気持ちとともに、緊張でいっぱいでした。なぜならば、私はこの日、80歳を迎えられる記念すべき天皇誕生日の茶会の儀に参列し、各国駐日大使の代表である「駐日外交団長」として、天皇陛下に祝賀スピーチを申し上げるという大役を仰せつかっているからです。ご存じの方も多いと思われますが、茶会の儀とは、天皇誕生日に、天皇陛下が皇后陛下とご一緒に、各国大使とその配偶者を招いて茶会を催され、祝賀をお受けになる儀式のことです。駐日外交団長に任命された２０１１年からこの大役を仰せつかっておりますが、いつも身が引き締まる思いでいっぱいです。

それにしても、皇室のみなさまは質素で贅を好まれません。陛下に拝謁すると、凛《りん》とした雰囲気に包まれます。

それは皇居に入っただけで感じられます。

神社に参拝した時と同じような気持ちにさせられます。初めて新宮殿に足を踏み入れ

2013年の天皇誕生日に駐日外交団を代表して祝賀のご挨拶を述べる筆者（中央奥、夫人と共に） 写真提供／宮内庁

たときから、それを感じました。諸外国の宮殿のように、金や銀の豪華できらびやかな雰囲気ではなく、とても質素でシンプルです。それでいてエレガントです。

陛下が緑の深い皇居奥にある宮中三殿でお祈りを捧《ささ》げておられますから、いつもとても神々《こうごう》しい空気に溢《あふ》れています。都心の真ん中だということを忘れてしまいます。

話を祝賀スピーチに戻しますと、毎年、どのような言葉でお祝い申し上げたら陛下にお喜びいただけるか、本当に頭を悩ませます。数カ月間考えた末に、２０１３年の茶会の儀では、次のような祝賀スピーチをいたしました。

「天皇陛下の御誕辰《ごたんしん》に際し、この場の大使の同僚を代表してスピーチさせていただくことを非常に光栄で、嬉《うれ》しく思います。私をはじめ各大使は、ここに出席する機会を与えていただき、誠に光栄に存じております。

この茶会の儀におきまして、またこの機会に同僚のみなにお話ししたいことがあります。それは日本の初代の天皇陛下から、今までのすべての天皇陛下は和歌詩人であられました。和歌は日本独特の文化であり、古い短歌であることを大使のみなに知ってほしいと思います。日本の国歌『君が代』の「君が代」は「あなたの代」という意味ですが、もともとの和歌は912年の『古今和歌集』の中にのっております。さざれ石（小石）が、「君が代は千代に八千代に」と何年も何十年も何百年もかけて大きな石になっていく。川の中で転がって苔《こけ》がついたりしてどんどん大きな石になっていく。そのように、陛下の御代が千代も万代も永遠に続いていって、平和で安泰な世の中になりますように、お祈りしますという意味です。

もう1度、私たちは天皇陛下のお誕生にあたり、心からおめでとうございます、と申し上げたいと思います。それから、天皇陛下のご一族と、日本の国民のみなさまのご繁栄をお祈り中し上げます。

心からの敬意を抱き、日本の外交団を代表しまして サンマリノ共和国大使、マンリオ・カデロ。

最後になりますが、御誕辰おめでとうございます」

このスピーチでは、『君が代』をテーマにさせていただきましたが、私は日本の歴代の天皇陛下はみな素晴らしい詩人であると思っています。毎年、歌会始《うたかいはじめ》の儀で和歌（短歌）をご披露されますが、陛下はじめ皇室の方々がお詠みになられる歌には心が揺さぶられます。『君が代』のもともとの詩も和歌です。そこにはとても深い平和の意味があると、かねてから思っていたので、このような祝賀を申し上げたわけです。

陛下はとても驚きになられたようで、私の祝賀スピーチが終わった後、通訳の方とわざわざ私のところにいらしてくださり、このようなお言葉をかけていただきました。

「大使、日本の文化に詳しいですね。もう何年日本に住んでいらっしゃるのですか？」

陛下に拝謁できるだけでも光栄なのに、このようなお言葉までいただくとは本当に身に余る光栄です。普段は陽気な私ですが、この時ばかりは、

「ありがとうございます。日本での暮らしはとても長いです。日本が大好きですから」

と、話すのがやっとでした。すると驚いたことに私の稚拙な返答に対しても、

「そうですか。ありがとう」

と、にこやかに仰《おっしゃ》ってくださったのです。陛下に喜んでいただけて、私は本当に感激するとともに、大役を無事に務めあげることができて、ほっと安堵《あんど》しました。

話は逸《そ》れますが、陛下に申し上げた「御誕辰」とは、皇室や身分の高い方のお誕生日の際に使うお祝いの言葉です。ちなみに防府天満宮御誕辰祭がありますが、これは菅原道真公の誕生を祝してのお祭りで、毎年8月3日から5日の3日間行われます。

茶会の儀は前述したとおり、各国の駐日大使とその配偶者のみが招待されるものです。一般の方は知らないこともあるかと思うので、そのしきたりについても述べたいと思います。

新しく日本に赴任した大使は、それぞれの政府の信任状を奉呈するために必ず天皇陛

下に拝謁します。このときに、かなり緊張する大使もいらっしゃいますが、拝謁した後はみな感激されます。茶会の儀に参列する大使は、1度は陛下に拝謁されていますが、それでも毎回、独特で厳かな雰囲気に包まれて、緊張するようです。

茶会の儀に参列するたびに光栄に思うのは、私たち外国の大使に対して、陛下が握手をして下さることです。陛下は日本人に対しては、どんな場面でも握手をされません。皇室の習慣に握手をするということがないからです。しかし、外国人が集まる茶会の儀においては、我々の文化である握手を取り入れてくださっておられるのでしょう。我々の文化を尊重してくださっていると思うと、胸がいっぱいになります。

もちろん、握手が許されているといってもスマートフォンを出して陛下の写真を撮ることなどは、とんでもないことです。写真撮影は厳禁です。もちろん、そのような失礼なことをしようとする大使はいませんが。

茶会の儀における陛下への贈り物はお花と決まっています。各国の大使たちは、みんなで陛下にお花をお贈り申し上げるのです。お花をお納めくださった陛下から柔和な笑顔でお礼のお言葉をいただくたびに、外交団一行はとても嬉《うれ》しい気持ちになります。

世界も陛下に対して敬意を表している

私が日本に来てから長い年月が経ちますが、不思議に思うことがあります。それは若い日本人の自国の歴史についての知識が、あまりにも乏しいことです。これまで多くの日本人大学生と話をしましたが、その知識の少なさに驚きました。

今上《きんじょう》天皇は第125代であられますが、そのことだけでなく、初代天皇が神武天皇であることさえ知らない学生が多いのです。他の国では考えられないことです。自国の誇りを持つためにはまず、自国の歴史を知ることが必要だと考えます。

様々な学説があることは承知していますが、やはり国家の大切な神話である『日本書紀』を日本人は知っておくべきだと思っています。これによると、日本を創造されたとされる神のイザナギとイザナミの7代目に当たる子孫が神武天皇であられます。その即位は紀元前660年。以来2600年以上の長きにわたって神武天皇の男系の子孫がずっと皇位を継承していることになります。実際の歴史上でも、大和朝廷成立を500年頃と考えても1500年以上。これだけの長きにわたって続いてきた国は、世界中他にありません。現存する世界最古の国は日本と言われる所以です。

このことは世界でも認識されています。

だから、海外では天皇のことをEmperor（皇帝）というのです。King（国王）、President（大統領）、Prime Minister（首相）より断然格上であるというのが世界の常識です。国賓として来日する各国要人は陛下との公式行事には最高儀礼である服装で出席します。世界のほとんどの国は陛下に対して敬意を表しているのです。

質素であることを心がけていらっしゃった

ヨーロッパやインド・中国・朝鮮などでは、皇帝や王様はみな日常生活でも贅沢の限りを尽くしたことはよく知られています。しかし、日本においてはまったく正反対です。『日本書紀』でも第16代仁徳《にんとく》天皇が国民の生活が大変苦しい状態であることを知り、3年間の課税をすべて止めるように指示されたことが記されています。このとき、仁徳天皇は宮中でも質素倹約を徹底し、食事も質素なものに限られました。衣類を新調することも禁止され、よれよれの服をまとっていらっしゃいました。また、雨漏りがしてもお金がかかるからといって、修理さえお断りになったそうです。

このように歴代天皇は、常に国民のことを一番に考え、自らは質素であることを心がけていらっしゃいました。この精神が脈々と受け継がれているのです。

明治天皇にしても服や靴がすり減っても、決して新調はされずに手入れをして使っていたそうです。

昭和天皇の贅沢嫌いはつとに有名です。

昭和天皇の料理番として有名だった谷部《やべ》金次郎氏の回想録などによれば、普段の食事は焼き魚やホウレンソウのおひたし・おかゆにオムレツなど一般庶民よりも質素で、献上品の佃煮《つくだに》を食事ごとに分けて大切に召し上がっておられたそうです。

昭和天皇はお酒も召し上がらなかったし、公務の場で着用される洋服を新調されても、傷まないように公務が済むとすぐに古い背広に着替えられたと聞きます。鉛筆やノートもぎりぎりまで使い切ったそうです。

今上天皇にしても、歴代天皇同様に、質素を心がけていらっしゃることがよくわかります。

2013年、天皇皇后両陛下のご意向を受け、両陛下が崩御《ほうぎょ》された際は皇室の伝統である大がかりな土葬ではなく、一般的な火葬をすることが決定されました。じつに400年ぶりのことです。これは何を意味しているのでしょうか。専門家らの話によりますと、ご葬儀の費用を節約するためのものだというではありませんか。振り返れば、昭和天皇が崩御された際は、東京・八王子に約30億円をかけて造られた武蔵野陵《むさしののみささぎ》に埋葬されました。皇室の土葬は大がかりなものになるため、どうしても費用がかかってしまいます。

火葬の検討が発表されたのは2012年のことでした。前年に東日本大震災が起こり、約2万人の犠牲者が出たばかりか、多くの被災者が帰る家もなく困窮しているタイミングです。日本経済も低迷していて多くの家庭のやりくりが苦しくなった時期です。国民が苦しんでいるから、自らもより質素にしようと大がかりな費用がかからない火葬を選ばれたというのです。仁徳天皇とまさに同じお考えと思えてなりません。

国民のために祈りを捧げ続けてきた歴代天皇

陛下には数々のご公務があられます。内閣総理大臣の親任式などをはじめとした数々の国事行為に加え、拝謁、ご会見、茶会、午餐、晩餐など両陛下ご主催の様々な行事は枚挙にいとまがありません。ですが、陛下が本当に大切にしていらっしゃること、それは何かというと、

「日本国民のために日々祈りを捧げること」

なのです。近々でいえば、東日本大震災において、天皇皇后両陛下は震災直後から、宮城、岩手、福島、千葉、茨城など各県の被災地を何度も訪問されました。また、東京都内や埼玉県などに避難している被災者を激励されました。

このほか、自衛隊や警察、消防、農漁業団体や各県知事などを御所に呼んで事情も聞かれています。復興支援のイヴェント出席を含め、震災関連のご活動はかなりの数に及んでいます。２０１４年3月11日に行われた東日本大震災3周年追悼式に出席された際には、お言葉の中で次のように述べられています。

東日本大震災で避難所を訪問し、被災者たちを激励される天皇皇后両陛下（©共同通信社／代表撮影）

「この3年間、被災地においては人々が厳しい状況の中、お互いの絆を大切にしつつ、幾多の困難を乗り越え、復興に向けて懸命に努力を続けてきました。また、国内外の人々がこうした努力を支援するため、引き続き、様々な形で尽力していることを心強く思っています。

被災した人々の上には、今も様々な苦労があることと察しています。この人々の健康が守られ、どうか、希望を失うことなく、これからを過ごしていかれるよう、永きにわたって国民皆が心をひとつにして寄り添っていくことが大切と思います。そして、この大震災の記憶を決して忘れることなく

戦後60年にあたる2005年6月、多くの日本人が身を投げたサイパンの「バンザイクリフ」に向かって黙とうされる天皇皇后両陛下（©共同通信社）

子孫に伝え、防災に対する心がけを育み、安全な国土を築くことを目指して、進んでいくことを期待しています。被災地に1日も早く、安らかな日々が戻ることを一同と共に願い、御霊への追悼の言葉と致します」

さらに毎年、こどもの日・敬老の日・障がい者週間の前後には、それぞれ幼児・高齢者・障がい者のための施設をご訪問されておられます。戦後60年にあたる2005年には両陛下はサイパンへ慰霊のために赴かれ、「バンザイクリフ」で海に向かって黙礼されました。そのお写真（上）を拝見したとき、私は本当に切なくなりました。

だから、政治的事情から靖国神社にご親拝になられないことはじつに残念なことです。

昭和天皇の話に戻しましょう。年配の方ならご承知だと思いますが、敗戦後にアメリカ大使館内にあるＧＨＱのマッカーサー司令官の宿舎に赴かれました。司令官はてっきり命乞《ご》いに来たものだと思ったそうです。しかし、昭和天皇の発せられたお言葉は、司令官の予想を裏切りました。

「戦争に関わる責任はすべて私にある。どんな処分でも受け入れる」

「国民は飢えている。罪のない国民に多くの餓死者が出ないように食糧援助をお願いしたい」

というものでした。自分の財産もすべて差し出すとさえ仰言ったのです。軍部が暴走し、責任は内閣にあったのに、すべておひとりで責任を受け止め、国民を守ろうとしたのです。

繰り返しになりますが、歴代天皇のこうした国民の幸せを祈るというお気持ちがあったからこそ、かくも長きにわたって、皇室の歴史は続いてきたのです。現在、お住まいになられている皇居は、元々は徳川家の江戸城ですから、敵が入ってこないように石垣やお堀がありますが、長年にわたって天皇がお住まいになられてきた京都御所には、わずか幅30センチの疏水が流れているだけです。お堀も石垣もありません。侵入しようとすれば、誰でも入ることができます。暗殺しようと企てる者がいれば簡単にできたはずです。

しかし、そうはならなかった。そう、天皇はいつの時代も国民から絶対的な支持を受けていたのです。国民から守られ、崇められてきたのです。

謙虚な姿と細やかなお心づかいに感動

天皇皇后両陛下とは、何度かご陪食《ばいしょく》を賜ったことがあります。

そのたびに感じることは両陛下の謙虚さです。日本に来て、国会議員や大会社の社長など様々な人に会いましたが、今までお会いした日本人で最も謙虚な方は陛下です。私の拙い質問にもきちんとお答えになってくださいます。食事のマナーもお召し物もとてもエレガントで上品です。本当に立ち振る舞いが優雅なのです。

ゲストに対するお心づかいにも感動します。

あるとき、昼12時から約３時間のご陪食をさせていただいたときのことです。食前酒を飲んだ後に、フレンチのフルコースが振る舞われました。テーブルに置かれたカトラリーのすべてに菊の御紋がついています。綺麗《きれい》なシルバーのデカンタにも、ワインのボトルにも菊の御紋。フォークとナイフにも菊の御紋があしらわれていました。本当に歓迎されていると感じました。

食事が始まると、陛下が皇太子時代、ロンドンに留学されていたときに、サンマリノにいらしたことがあると仰言ってくださいました。おそらく、私の故郷のことを話題にすれば、話が弾むとお気づかいくださったのだと思います。懐かしい故郷の話ですから、いろいろな話が次から次へと飛び出します。あっという間に、時が過ぎていきました。

そのとき、私はふと気づいたのです。食事の間中、ずっと美しい音楽が流れていることに。私は音楽が大好きで、その美しい音色がとても気になっていました。さすが日本のオーディオは素晴らしい、いいアンプとスピーカーを使っていらっしゃるなあと思ったのです。私も同じようなオーディオが欲しい、尊敬する陛下と同じオーディオを持つ

2013年11月、両陛下は歴代天皇として初めてインドをご訪問された。その際にも羽田空港までお見送りに赴いた。左端が筆者。写真提供／宮内庁

ことができたら本当に光栄なことですから。

そこで私は、食事も終わりのころになって不躾《ぶしつけ》だとは重々承知の上、両陛下にこう申し上げたのです。

「この部屋に流れている音楽はとても素晴らしく感動しました。どのようなアンプとスピーカーを使っていらっしゃるのですか？　恐れ入りますが、拝見させていただけないでしょうか？」

すると陛下は笑って、食事が終わるのを見計らって、カーテンを開けてくださいました。

するとそこには10人程度の小さなオーケストラがいたのです。

両陛下が御搭乗された特別機が離陸されるまで直立不動でお見送りする。右から５人目が筆者（©共同通信社）

私は納得すると同時に、こんな素敵なおもてなしがあるのだろうかと感動して、思わず拍手をしていました。そのときに同席していた他の大使も同様です。我々が喜ぶ姿をご覧になって陛下はとても嬉しそうに微笑んでくださいました。

生演奏でしたから会話の邪魔にならない絶妙の音量でしたし、音色も選曲も素晴らしいものでした。他国の王室でも、国賓を招くときにはそのような演出をすることはあります。しかし、オーケストラをカーテンの陰に隠すようなことはしません。お客様に見えるようにしています。ここにも日本の奥ゆかしさを感じました。

オーケストラが見えたら、曲が終わるごとに拍手をしなければいけないなど、私たちが気をつかうかもしれない、とも思われたのではないでしょうか。

あのとき、もし私が何も言わなかったら、おそらく陛下はカーテンをお閉めになったままだったはずです。

あっという間の3時間でした。ですが、あの思い出は私の一生の宝物になりました。陛下のお心づかいには感服させられました。

両陛下のご配慮は、もちろん公務でもご同様です。2013年11月、両陛下は歴代天皇として初めてインドをご訪問されました。両陛下は、皇太子と皇太子妃であった1960年に、1度インドを訪問されているので53年ぶりということになります。インドのプラナブ・ムカジー大統領からの招待で、森喜朗元首相を含む50人の代表団が同行という大がかりなものでした。

駐日外交団長は陛下が他国へご訪問される際には、訪問国の駐日大使とともに出発のお見送りと、帰国の際にお出迎えをすることになっています。もちろん、このときも同様に出発地である羽田空港を訪れました。

必ず両陛下は居並ぶ私たちひとりひとりにお声をかけてくださいます。そして、私の前にいらっしゃるとこう仰言ってくださったのです。

「大使、お元気ですか？　お久しぶりでございます。お忙しいところお見送りに来ていただいてすみません」

私のことをきちんと覚えてくださっていることをとても光栄に感じました。そこで、

「陛下、恐縮です」

と、申し上げたところ、

「ありがとう」

と微笑んでくださいました。両陛下とお話しさせていただいた上に、お礼のお言葉までかけていただくというのは、望外の喜びです。両陛下の素晴らしいお人柄が、そういう気持ちにさせてくれるのだと思っています。

両陛下の謙虚で美しい立ち振る舞いを見習いたいと心から思います。

残念なことは、ここまで書いてきたような事実が、学生たちが使う教科書に載っていないことです。また、天皇皇后両陛下のお人柄についてもよく知られていません。

紙幅の都合上、すべてを書けませんが、とにもかくにも天皇皇后両陛下ほどの方はいらっしゃいません。

第3章

世界中が憧れる日本の文化

東京オリンピックで来日したときの驚きと感動

私が大の日本ファンになってかなりの年月が経ちますが、決定的に日本という国に尊敬の念を抱く契機となったのは１９６４年、東京オリンピックのために、２度目の来日をした時の出来事です。じつは、小学生の時に父と1度来日しているのですが、その時は短い滞在であまり日本のことを知ることはできませんでした。

東京オリンピックの頃、大学生だった私は、前述したように日本に関する書物を読み、日本に深い興味を持っていました。そこで2度目の来日を果たしたのです。

それまで読んでいた書物の中では、日本人はちょんまげを結って刀を差して歩いているというイメージがあったのですが、まったく違うことに驚きました。ちょうど、戦後の高度経済成長の波に乗って、すごいスピードで発展している真っ最中でした。

相当、西洋の影響を受けていたとは思います。しかし、親切心や道徳心の高さは書物の中で見知っていたそれと、少しも変わっていませんでした。

あるときのことです。路上で突然体調に異変が起こりました。腹部に激痛が走り、私は道路にへたり込んでしまったのです。すると、ひとりの男性が私の異変を察知して、駆け寄ってきてくれました。ですが、私も片言の日本語しか話せませんでしたし、彼も外国語は話せません。お互いに、身振り手振りでコミュニケーションをとるしか方法はありませんでした。

彼は私が急病になって苦しんでいるということに気づいてくれました。そして、わざわざ私を病院まで連れていってくれたのです。治療が終わるまで病院で待っていてもくれました。ヨーロッパの国々ではなかなか見られない光景です。ヨーロッパでは今でいうホームレスやスリも多く、路上でうずくまっている人など珍しいことではありません。だから、当時のヨーロッパでは路上にへたり込む見ず知らずの人に声をかけることなど、滅多になかったのです。

驚きはこれだけではありません。回復した私は、都内のあちこちを見て回っていました。見るもの聞くものが初めての連続ですから、いつもワクワクしていたことを思い出します。すると、いたるところで出会う日本人は口々にこう言ってくれたのです。

「遠いところから来たみたいだね。飯でも食べていきなよ」

レストランや食堂に行くのではありません。自宅へと招いてくれたのです。まったくの見ず知らずで、偶然言葉を二言三言交わしただけの得体の知れない外国人を、何の躊《ちゅう》躇《ちょ》もなく家の中に入れてくれる。そして、決して高級料理とはいえないものの、心を込めた家庭料理を振る舞ってくれたのです。紙幅の関係上、これ以上多くを書くことはできませんが、このほかにも親切にされ、丁寧にもてなされた例は枚挙にいとまがありません。

日本人の親切心や他人を思いやる心の美しさ、後に知る「おもてなし」の精神などをこの来日の際に身をもって知りました。それからトータルで40年近く、日本に滞在することになるのですが、私の日本びいきのルーツは、この2度目の来日の時の数々の出来事にある、といっても過言ではありません。

世界に輸出された「おしぼり」文化

最近のことです。私は講演を頼まれて、家内を伴い沖縄県の石垣島を訪れました。空港に到着すると、わざわざ市長が出迎えてくれてびっくりしました。市のトップが自らですから感激です。こういうところにも日本人の気配りを感じます。講演会は200人ほど集まってくれて満員でしたが、私の講演中、誰もおしゃべりすることなくじっくり話を聞いてくださいました。本当にマナーがいいですね。家内が真剣を使った居合いも披露させていただいたのですが、このときは拍手喝采です。私のスピーチよりも拍手が多かったかもしれません（笑）。

講演会での品の良さにも感心したのですが、それ以上に感動したのは、宿泊先のホテルでの出来事でした。帰京する予定の日に、東京に大雪が降って羽田空港が閉鎖されてしまい、帰ることができなくなってしまいました。仕方がありません。結局、2日間ほど宿泊を延長することにしました。すると市役所の人が島のガイドさんと車を用意してくれて、島の観光名所を案内してくれたのです。しかも、行く先々で昼食などお金がかかることがありましたが、私には一切お金を払わせようとしないのです。こちらは恐縮するばかりです。

そして、帰京する日になってチェックアウトしようとしたら、フロント係の方が、

「お代は結構ですので」

と言うのです。そういうわけにはいきません。しばらく「払わせてください」「いえ、本当に結構ですので」というやりとりが続き、最後は支配人までもがいらしてくれ、結局受け取ってもらえませんでした。いくら招待されているといっても、こんなことがあるのかと驚かされました。これも日本が世界に誇るおもてなしの一つなのだとしみじみ感じました。

「おもてなし」といって、私が真っ先に思い浮かべるのは「おしぼり」です。あのサービスは他の国ではほとんどありません。喫茶店やレストランなどどんな飲食店に行っても、必ずおしぼりが出てきます。食事をする前には手を洗います。その手間を省いてもらおうという日本人の気配りから生まれた発想でしょう。寒い季節には温かいおしぼり、暑い季節には冷たいおしぼりがだされるなど、細かい心配りには本当に驚かされます。まさにお客さんをもてなす精神です。

日本から始まったおしぼりの文化ですが、海外の雑誌などでたびたび、取り上げられています。それを見てか、ヨーロッパの新幹線でも、ファーストクラスの車両ではおしぼりを出すようになりましたし、一部の国の飲食店でも、おしぼりが少しずつですが採用され始めているようです。日本生まれのおもてなしの代表が海外へと輸出されたのです。

割り箸は「もったいない」の精神から生まれた

ヨーロッパはナイフとフォークの文化ですから、ヨーロッパ人が日本を訪れると割り箸に戸惑うようですね。でも、これも日本特有の「もったいない」の精神から生まれたエコロジーなものです。

2013年、奈良県吉野町にある知人の割り箸工場を見学する機会があり、いろいろなことを教えてもらいました。まずその歴史の深さにびっくりさせられました。300年くらい前から使っていたという記録も残っているそうですね。

日本人の中には、割り箸は使い捨てだからエコロジーではない。緑がなくなってしまうと思っている人がいるようですが、それは間違いです。なぜなら、割り箸は木材の端材や人工林の間伐材など本来なら使い道のない屑《くず》の木で作られているからです。他に使いようがないものなのです。つまり、木材の有効利用ということ。この節の最初に述べたように「もったいない」の精神から生まれたのです。

割り箸はエコロジーであり、また日本の木の文化を守っているのです。森林が成長するためには間伐が必要です。間伐することで森の奥にまで日光が当たります。日光に当たった樹木は二酸化炭素と水を吸収して、そこから新鮮な酸素を作り出してくれます。都心から地方の森林に行くと空気が美味《おい》しく感じるでしょう。それは木のおかげなのです。

2章でも触れましたが、天皇皇后両陛下がお住まいになる皇居に入ると神々しい気持ちになります。その神聖な気持ち良さの一部は、皇居の木々によるものです。何といっても森林は自然なもの。そして、神道の教えにあるように、森林には神が宿っているのです。

最近、多くの森で間伐が足りずに木の成長が悪くなっているという話を聞きます。また、経済的な理由から割り箸を作る会社の多くが、安価な木材を他国から輸入しているようです。しかし、日本の環境を守るためにも、国産の木材を使った割り箸が再び普及することを願ってやみません。

無形文化遺産に登録された和食の凄さ

おしぼり、割り箸と続いてきたから、この節で何を書こうとしているのか、察しがつくと思います。そうです。和食です。

日本が世界に誇る和食は、2013年12月にユネスコの無形文化遺産に登録されました。和食文化は本当に素晴らしいと思います。素材を大切にし、材料を無駄にしません。魚を例に出しますが、身を食べるだけでなく残った骨でだしも取れるし、頭をお椀の具材にするなど捨てるところがありません。野菜も葉っぱから茎まできれいに使い切ります。まさに「もったいない」の文化です。自然を神とする神道の精神にも通ずる、世界に誇る料理なのです。

農林水産省のウェブページによれば、政府がユネスコの無形文化遺産に申請した際に次のような点をアピールしたそうです。和食には四季や地理的な多様性による「新鮮で多様な食材の利用」「自然の美しさを表した盛り付け」などの特色があり、日本人の根底にある「自然の尊重」という精神に則った食に関する伝統的な社会的慣習であるということ。また、正月や田植え、収穫祭のような年中行事と密接に関係し、家族や地域の住人同士の結びつきを強めるものと説明しています。

私はサンマリノ人ですからイタリア料理が好きなのは当然ですが、和食の気品はまさに芸術的です。食事が盛られた器との調和も美しい。そもそも器だけでも大変高価な値がつく芸術品がたくさんあります。

懐石料理を例にすれば、先付《さきづけ》ひとつとっても季節にちなんだ食材を使用し、見た目にも趣向を凝らすなど、とても上品です。それから吸い物→お刺身→煮物→揚げ物→焼き物→蒸し物→ご飯・漬け物・止め椀→水物（果物）と、一連の流れは正に水の流れのように、自然で変化があり、楽しいものです。

もちろん、このようなフルコースでなくとも、一汁三菜という家庭料理でも十分です。栄養バランスがとりやすく、おまけに低カロリーで、とてもヘルシーです。日本人が長生きなのも和食のおかげなのです。

アメリカ人やヨーロッパ人の間で和食がブームになっているのも当然です。欧米では基本的に肉料理がメインですから、高カロリーの動物性脂肪ばかりとっています。若いうちはスタイルが良くとも、年齢を重ねていくうちに足と手だけが細くお腹がぽっこりと膨らんだ肥満体型に変わっていってしまう人が多くいます。

アメリカなどでは、肥満者は自己管理ができないと烙印《らくいん》を押され、出世にも響くようです。

ただ、割り箸同様に残念なのは、そんな素晴らしいものであるにもかかわらず、日本で和食離れが進んでいることです。どういうわけか、日本人は西洋の文化や食事にかぶれています。だから、メタボリック症候群の人が増えてしまうのです。聞いた話ですが、最近では小学生の中にも糖尿病になる子どもが増えているそうです。連綿と続く日本の文化をなぜ大切にしないのでしょうか。ジャンクフード店に溢《あふ》れかえる人々を見るたびに、私は悲しい気持ちにさせられます。

ヨーロッパが憧れた日本の陶磁器

ヨーロッパではかなり昔から日本の陶磁器が絶賛されてきました。『宮廷の陶磁器』（英国東洋陶磁学会／同朋舎出版）によれば17世紀後半、ヨーロッパへ輸出された『伊万里』や『柿右衛門』は大人気となり、王侯貴族たちは日本の磁器を買い集めたそうです。ヨーロッパに運ばれてきた磁器は「白い黄金」と呼ばれ、あまりの美しさに王侯貴族たちは競って集めたそうです。誰よりも多く集めたいと考えた貴族たちは、日本からの船がつくアムステルダムまで使者を出し、船の到着を待っていたほどでした。

ドイツのザクセン選帝侯で、神聖ローマ帝国ポーランド王を兼ねたフリードリッヒ・アウグスト2世は日本の磁器への趣味が高じて、ドイツのツヴィンガー城に、「日本宮」という磁器の収集館を建設したほどでした。彼は『柿右衛門』がお気に入りだったそうです。あまりの人気に模倣品が大量に出回り、ヨーロッパ市場は大混乱したようです。それほど、日本製への憧れは強かったのです。ちなみに現在、日本でも大人気のロイヤルコペンハーゲン（デンマーク）やマイセン（ドイツ）などは、日本の磁器の影響を強く受けているという歴史的事実もあります。

日本文化に魅入られたヨーロッパ人という意味では、私も同じです。アウグスト2世のように、高価な食器を買い集めるほどお金持ちではありませんが。

世界が認めた日本人のマナーの良さ

日本人のマナーの良さには感心させられます。東京は1000万人を超える人口を抱える大都市ですが、満員電車でも人混みのすごい交差点などでも、大きなトラブルは多くありません。人はみんな整然と歩いていますし、列も守ります。駅のエスカレーターでは左側に立ち、右側の通路を空けておきます。そして、急いでいるビジネスマンなどは、空いている右側の通路を足早に駆け上がっていきます。

右側の通路を空けておくというのは東京の文化です。逆に大阪では左側の通路を空けておきます。なぜかというと東京は武士の文化が根づいているからです。武士にとって刀は命と同じくらい大切なもの。武士の魂というものですね。だから刀と刀が触れ合うということは、決闘することにつながるわけです。時代劇をご覧になったことのある方は思い出してみてください。武士は刀を左の腰に差しています。だから、お互いに触れ合わないように左側を歩いたというのです。すれ違いざまに刀と刀が触れないように、という知恵です。その文化が今日まで残っているというわけです。

では、なぜ大阪では逆なのかというと諸説あります。大阪は商人の文化です。商売が左前になるというのは縁起が悪いから、右を好んだなどという意見もあるようですが定かではありません。ただ、こういう文化を知るのも楽しいことです。

話が脱線しましたので元に戻しますが、日本人は本当に品があります。電車内でも大声で話し合ったり、電話をしている人はまず見かけません。乗車中に電話がかかってきたりすると、

「申し訳ありません。電車内なので後で折り返します」

と、小声で言ってすぐに電話を切ります。

このへんは中国人とは大違いです。もちろん、中国人でもマナーをわきまえている人はいますが、多くの中国人は公共の場でも大声で怒鳴り合ったり、騒いだりしています。

まずは公共の場でのエチケットを学ぶべきだと思います。

日本人のマナーの良さは世界でも認められています。

少し古いデータで恐縮ですが、アメリカの大手ネット旅行販売会社のエクスペディア社というう会社が2009年に、あるデータを発表しました。『エクスペディア・ベストツーリスト2009』というものです。世界約4万人のホテルマネージャーにアンケートをとり、各国の観光客の評判をランキング化したものです。調査はヨーロッパ、南北アメリカ大陸及び一部アフリカ各国のホテルが対象となりました。現地の習慣を守るといった行儀の良さや、部屋をきれいに使うというエチケット、苦情の多寡などを調べています。その中で、

・行儀が良い
・礼儀正しい
・部屋をきれいに使う
・騒がしくない
・不平が少ない

の5項目で日本人が第1位でした。総合でも日本人が断トツの第1位に輝きました。3年連続のことです。続いてイギリス人が2位。3位はカナダ人で、4位がドイツ人。スイス人が5位という結果でした。

このことからもわかるように、日本人は周囲に迷惑をかけない、慎ましい国民であると、世界中で認められているのです。

日本人の学習能力の高さに驚嘆

最近では日本人の本離れなどが報道されていますが、私が知る多くの日本人はとても勉強家で研究熱心です。親しくさせていただいている外交評論家の加瀬英明先生の博識ぶりには、お会いするたびに舌を巻きます。また、他の多くの知人・友人はみんな勉強熱心です。これだけ勉強が好きな民族は見たことがありません。みなさん、知識もさることながら、映画や音楽などの文化にも造詣が深くて本当に驚きます。

これも日本の歴史が関係していると私は考えています。私が来日した当初はたくさんの小学校に二宮尊徳の銅像が建てられていました。いうまでもないことですが、二宮尊徳の銅像といえば、薪を背負いながら本を読む姿です。尊徳は幼いころに両親を亡くしながらも向学心を捨てずに、子どもの頃から働きながらも勉強し続けました。その姿を見習ってほしいというのが、学校関係者の考えなのでしょう。

かつては多くの小学校に二宮尊徳像が建てられていた（©共同通信社）

日本人の識字率は何百年にもわたって世界トップクラスです。古くは江戸時代から寺子屋など学習する環境が整っていました。江戸時代末期には武士階級はほぼ100%、江戸に限れば庶民層を含めて70～80%くらいは読み書きができたといいま

す。1853年に黒船を率いてアメリカから開国を迫りに来たペリー提督は、日記（『日本遠征記』）に

「読み書きが普及していて、見聞を得ることに熱心である」

と記しているそうです。同時に田舎にも本屋があること、日本人の本好きと識字率の高さに驚いたということも綴《つづ》られていたそうです。

第二次世界大戦で敗戦した際に、占領国・アメリカは日本人が賢くないから特攻作戦のような無謀なことをしたに違いないと考えていたといいます。漢字のような難しい文字を庶民が読めるわけがない。だから仮名と漢字を廃止するべきとの考えを持っていたというのです。

つまり、仮名と漢字は消滅する瀬戸際に立たされたわけです。

GHQは代わりにローマ字を使うことを考え、国内からもそれを支持する声さえ出始めたそうです。文化庁の『国語施策百年史』（ぎょうせい）によれば、GHQの民間情報教育局（CIE）は日本語のローマ字化をするにあたり、漢字の読み書きがどれくらいできるかを調査したそうです。全国の市町村で15歳から64歳までの1万7000人あ

まりが対象になりました。

ところが、この調査でGHQの考え方は誤ったものだということが証明されてしまうのです。なんと、調査の結果、日本人の識字率は97・9%にも及んだのです。GHQはこの結果にとても驚き、日本語のローマ字化計画は消えたのです。

現在でも日本人の識字率は世界トップクラスのままです。周囲を見回しても読み書きのできない人はいないでしょう。このような国は世界広しといえどもありません。

羨望の眼差しで見られるポップカルチャー

硬い話が続いたので、ここでちょっとやわらかいテーマも取り上げましょう。私の母国・サンマリノ共和国も大いに関係のある話です。

「クール・ジャパン」という言葉はすでに有名ですね。アニメやマンガ、ゲームにJ－POP、コスプレなどさまざまなものが世界から、

「クール」（かっこいい！）

と、大ブームになっています。フランスでは日本のアニメキャラクターに扮したコスプレが若者たちの間で大流行していて、みんなが1度は来日したがっているといわれているほどです。フランスに限ったことではありません。イタリアにもアニメキャラクターのショップができています。

サンマリノでも2012年から、日本のアニメフェスティバルが開催されています。正式名称は『サンマリノ国際アニメーション・フェスティバル』です。

第1回目は2012年12月7日から3日間、開催されました。イヴェント会場は4カ所で、メイン会場となるクルザールホールと、テアトロ・ツーリズモ、テアトロ・ティターノ、テアトロ・コンコルディアの3つのホールでした。

この時は、『劇場版ドラゴンボールZ』『ルパン三世』『劇場版魔法少女まどか☆マギカ』『銀河へキックオフ!!』などなど、多数の日本アニメが公開されました。アニメソングのライブ（日本ではアニソンライブというらしいですね）も行われました。一般席22・40ユーロ（現在のレートで約3200円）、S席33・60ユーロ（同4800円）と入場料は若者たちにとって決して安くはない金額でしたが、どこの会場も大盛況でした。

なぜこのイヴェントが大きく盛り上がったかというとライバルといわれる様々なコンテンツホルダーが一堂に介したからです。毎年、日本のアニメやマンガのイヴェントは世界のどこかで必ず行われています。その場合、通常は現地のファンクラブなどが主催します。『ドラゴンボール』を例にすれば、この作品のファンクラブの人々がお金を集め、『ドラゴンボール』の著作権者たちを説得して来てもらいます。

ところがサンマリノ共和国で行われたイヴェントは、前述したように多くのコンテンツホルダーがタッグを組んで行われたのです。これはとても画期的なことです。

では、どうしてこのような画期的なイヴェントを行う場としてサンマリノが選ばれたのか。もちろん、それには理由があります。それはサンマリノ人にとって、とても光栄なことです。

サンマリノは軍隊を持たない平和な国です。日本もとても平和な国として世界中で知られています。そうです、平和というキーワードが一致したからなのです。

そして、サンマリノは観光立国でもあります。主催者と私はサンマリノをアジアとヨーロッパをつなげる拠点としたいという夢を持っています。サンマリノを通じて、ヨーロッパに日本のポップカルチャーを広げたいと考えています。

近いうちに、サンマリノを舞台にして、人気のテレビアニメシリーズが始まるという企画も進行しています。そのテレビアニメなどを通じてサンマリノの魅力が日本人にも伝わり、興味を持っていただけたら駐日大使としても非常に嬉しいです。世界一マナーのいい日本人旅行客が大勢、来ていただけたら観光立国の我が国も経済的に潤います。まさにＷｉｎ－Ｗｉｎの関係になるのです。

敵対心の強い中・韓の若者たちも日本に興味津々

話を日本のポップカルチャーに戻します。

日本のポップカルチャーに憧れているのは、何も欧米諸国だけではありません。私はアジアの若者たちとも話をする機会は多いのですが、聞いてみると、彼らの多くはアメリカより日本に行ってみたいと言っています。そして、日本のポップカルチャーについて熱く語り始めます。内容は人によって違いますが、マンガだったり、ゲームだったり、コスプレだったり。中には秋葉原で買い物がしたい、リアル（本物の）ラーメンが食べてみたいと言う人もいます。もはや世界では、ラーメンといえば中国料理ではなく、日本が本場になっているようです。

この中には、現在関係が冷え切っているはずの中国や韓国の若者たちも大勢含まれています。彼らがなぜ日本に憧れるのか、私にはその理由がわかります。一つはこれまで書いてきたように日本は尊敬に値する国だと彼らが理解していること。もう一つは戦後日本の奇跡を、彼らが直接肌で感じ取りたいのでしょう。

第二次世界大戦で最もダメージを受けたのは日本でした。東京大空襲で首都は壊滅的な被害を受け、とどめは広島、長崎への原爆投下でした。普通の国なら立ち直れないはずです。

しかし、日本は違いました。

もちろん、戦後結ばれた日米安保条約によってアメリカが日本を戦争から守り、日本は経済復興に専念できるという立場にありました。それに先立つ1950年には朝鮮戦争が起こり、特需となりました。そういう条件が重なって焼け野原だった東京で、敗戦からわずか19年後の1964年にオリンピックを開催するまでになりました。

その後の日本経済のめざましい活況はいうまでもありません。バブルと呼ばれた一時期は、東京都の土地の値段だけでアメリカ全土が買えるといわれたほどの経済成長でした。

ところが90年代前半にバブルがはじけると、時を同じくして、日本列島は次々と自然災害に見舞われました。阪神大震災、中越沖地震、そして2011年の東日本大震災と原発事故…それでも日本は踏ん張っています。GDP（国内総生産）の総額では中国に2位の座を明け渡したとはいえ、ひとりあたりのそれは依然として世界トップクラスです。世界中で日本ほど豊かな国はほとんどないのです。いくら派遣社員が増えて不安定な生活をする人々が増えても、アフリカなどの発展途上国のような餓死者はほとんど出ません。国民皆保険に代表される社会保障の手厚さはアメリカを上回っています。

確かに2011年に起きた東日本大震災と原発事故により、一時期は日本中から多数の外国人が母国に帰り、外国人観光客も激減しました。

しかし、どうでしょう。日本のポップカルチャーブームに加え、日本のおもてなし文化も世界に広まりました。アベノミクスによる円安局面も手伝って、観光産業は復活しました。2013年に来日した外国人観光客は初めて1000万人を突破しました。このような日本の底力に、敵対心の強い中国、韓国の若者たちも心の底では憧れているのです。

世界最古の共和国・サンマリノが世界に誇る歴史と政治システム

大使には2通りのタイプがいます。自国のことしか考えない人と、駐在国の文化を理解しそれを友好的に発信していき、双方の国がそれぞれ仲良くなれるよう努力するタイプ。私は後者だと自負しています。

ここまで私は、日本の素晴らしさを披露してきました。ですが、私の国のこともちょっぴりPRさせてください。日本人にも、サンマリノがいかに素晴らしい国であるかを知ってもらいたいのです。

イタリア中部、アドリア海側に位置するサンマリノ共和国は世界最古の共和国であり、前述したように、平和と自由を重んじる、軍隊を持たない国です。公用語はイタリア語で、宗教はローマンカトリック。民族性は明るいラテン系です。みんな穏やかで開放的。とてものんびりしたところがあり、その気質は日本では沖縄の方々に似ていると感じます。

面積は東京の世田谷区ほど（約62㎢）で、人口は約3万6000人。面積だけからいうとヴァチカン市国、モナコ公国らに次いで、世界で5番目に小さな国です。首都はサンマリノ市です。特にF1レースのファンの方でなくとも、2006年まで「F1サンマリノGP」を開催していたのでその名前を聞いたことはあるのではないでしょうか。このレースはサンマリノの名前が付いていましたが、実際はイタリアのイーモラ市で開催されていたのですけれどね。

次にサンマリノの歴史と政治システムについてお話ししましょう。

伝説によれば、紀元301年、ダルマチア人の石工だった「マリノ」が、カトリック教徒であったために、ローマ皇帝ディオクレティアヌスの迫害を受けました。それを逃れてティターノ山に登り、ここで伝道を続け、彼のもとに次第に集まった人々により形成された集団がサンマリノの起源といわれています。

初めはアレンゴ（家長の集会を意味する）のメンバーから選出された代表者が指揮を執り、統治していました。現在も施行されている、2名の執政（大統領に匹敵するもの）が6カ月ごと（4月と10月）に選出される統治制度は、1243年、アレンゴのメンバーから2名の執政が選出されて以来、現在に至るまでほとんど変化なく続いています。1253年には、世界最初の共和国体制ができあがったといっていいと思います。

また、アレンゴは、その後、行政及び司法上の権限を「大評議会」と呼ばれる60名の評議員で構成される議会に委譲しています。この評議員の任期は5年。主な仕事は普通の国の政治家とほぼ同じです。条件は25歳以上で、普通に読み書きできれば誰でもなることができますが、聖職者、外交官、領事でないこと、また親子が同時に評議員になることはできません。そして、ほとんど報酬はありません。実質的にボランティアです。他に仕事を持っているということもありますが、大きな名誉を得るのですから、報酬はいらないというのが最大の理由です。

日本の政治家はひとりの国会議員に1億円を超える経費がかかると聞きます。それに加えて、その地位を利用してお金を懐に入れている政治家がいます。サンマリノ人から見ると考えられないことです。なぜ、権力や名誉も持つ人が経済力まで持つのか、信じられません。この点においては、サンマリノは日本より優れていると自信を持って言えます。2人の執政について説明を続けると、2人は普段は協力して行政を見ていますが、相手の出した結論に対して互いに拒否権を持っています。つまり、2人の意見が一致しないと物事が前に進みません。これこそが、民主主義のチェック&バランスの基本だと思います。

首都の歴史地区とティターノ山が世界遺産

中世を通じ、サンマリノは自由で民主的な政治体制のもとで独立を維持してきました。ですが、過去に2回だけ1503年と1739年に（いずれも数カ月に過ぎませんでしたが）外国軍の侵略を受けたことがあります。

1797年にフランスのナポレオンより贈り物と友好の書簡が送られ、あわせてサン

世界文化遺産に登録されたティターノ山には多くの観光客が訪れる

首都サンマリノ市の歴史地区はまるで中世のような雰囲気を醸し出している

マリノの領土拡大の申し入れがありました。市民は光栄に思い喜びましたが、領土に関してはそのときの現状に満足しており、生来の国民感情にもそぐわないことから、拡張の申し出を断りました。

1861年、アメリカのエイブラハム・リンカーン大統領からサンマリノの執政宛に友情と共感を示す手紙が送られました。その中に次の言葉が記されていました。

「貴国は小国ですが、最も尊敬すべき国家の一つです」

誇らしいことです。

またサンマリノは、難民受け入れの伝統も誇っています。災難や圧政に苦しむ人々がいれば、彼らの信条がどのようなものであれ、避難場所を提供したり援助することを拒んだことがありません。

第二次世界大戦の際もサンマリノは独立、民主、そして中立を守ってきました。サンマリノ人は、古来の伝統に忠実であり続けることこそが時代の要請に応えることと考えています。1992年3月から国連にも加盟しました。日本とサンマリノの外交関係は、1956年からずっと友好的に続いています。

サンマリノの中心は、それ自体が歴史的なモニュメントです。何世紀にもわたり、完璧に保存された中世の町並みはとても美しいものがあります。

2008年7月には、首都サンマリノ市の歴史地区とティターノ山が、ユネスコの世界文化遺産に登録されました。ティターノ山の断崖に沿って3つの要塞の素晴らしい塔がそびえていますが、これらは現在も、城壁と麓の小都市から続く小道によって連結されています。城壁の内側は石膏《せっこう》の通りをはじめ、建物、教会、中世の町並みなどすべてが石造りで、中世の雰囲気を醸し出しています。

今も市民が居住する歴史地区は国の機能が集中する政治中枢でもあります。ティターノ山上に位置することから、今日の都市化の影響を受けずに、中世の町並みが保存されているのです。サンマリノが世界遺産に登録された大きな理由は、紀元301年の建国時から現在に至るまで、自由と平和、平等を一貫して守ってきたことにあると思っています。ちなみにイタリアは1861年にイタリア王国として統一され、1946年に現在のイタリア共和国となりました。

一番人気はメイド・イン・ジャパン

サンマリノは鉱物資源に乏しく、国土の65%が農地、森林（主に松林）です。もともと、経済は農業、酪農、石切りに基盤をおいてきましたが、ここ数十年間に軽工業、観光が大きく発展しました。通貨はユーロですが、欧州連合（EU）のメンバーではありません。

我が国が誇るのは、何といってもワインでしょう。国産ワインは様々な農産物とともに政府が生産しており、その品質は国が保証しています。とても美味《おい》しいので、私は日本にいてもサンマリノからワインを取り寄せては、昼食のときから飲んでいます。観光客にとってサンマリノは天国です。

前述したように、中世の歴史遺跡に溶け込みながらワインを飲むことができます。それだけではありません。税率が低く、ブランド物や食料品も安いです。海外からの観光客には消費税もかかりません。

ですから、最近ではロシアから毎日、飛行機で多くの観光客が押し寄せています。モスクワからだと飛行機で約3時間。富裕層の中にはプライベートジェットでやってくる人もいます。ロシア人の他にもポーランド人・オーストリア人・そしてもちろんイタリア人もたくさん来ます。

彼らが求めるものの中で最も人気があるのはメイド・イン・ジャパンの製品です。日本とも貿易があって輸入しているのですが、前述したように消費税がありませんから、とても安く手に入れられる、と外国人がこぞって買いにくるのです。

コンピュータ関連機器から、カメラ・ソフトウエア等々、日本の秋葉原と同じような状況です。意外なものではモデルガンが人気です。マニアの間では隠れた人気となっています。日本人のものづくりの底力は本物です。

日常生活を見回してみても、ＣＤやＤＶＤ、ＬＥＤなども高品質なものは日本製です。日本車はサンマリノでも人気がありますが、それはやはり燃費の良さと壊れにくいという信頼性があるからです。私の兄の愛車も日本製です。

日本製品はアフターサービスにも定評があります。サンマリノには中国製や韓国製など、他のアジアの国々からの製品も入っていますが、これらの国は売ったらおしまい、後は知らない、という感覚なのです。だから壊れたら新しい製品を買えという思いなのでしょう。それに引き替え、日本製品は無料の保証期間もしっかり守ってくれるし、壊れてもパーツを取り寄せて修理してくれます。遠く離れた異国でも、日本の「おもてなし」「もったいない」の精神は生きているのです。

第4章

日本人が知っておくべき偉大な日本の少年大使たち

日向国の王の孫にして甥

私が駐日サンマリノ共和国特命全権大使になった時にとても意識したことがありました。それは歴史上において、偉業を達成した日本人外交官たちのことです。本来の意味でいえば日本最初のヨーロッパへの大使といってもいいでしょう。しかも、独学で言葉を覚え、異国の有力者と渡り合った彼らは、当時10代の少年たちでした。彼らのことを日本人であればもっと知ってほしい。そういう思いから、本章では、歴史上日本初の「大使」として、ヨーロッパ諸国との文化文明交流事業をなし遂げ、当時のヨーロッパ・ルネッサンス文化を初めてアジアにもたらした伊東マンショたち、「天正遣欧少年使節」の偉業について語っていきたいと思います。参考文献として、「マンショの没後400年を記念して2012年に発刊された『伊東マンショその生涯』(マンショを語る会編纂《へんさん》)を使わせていただきます。

伊東マンショは16世紀の後半(正確な日付はわかっていませんが、1612年に43歳で亡くなっていることははっきりしているので)、1569年から1570年の間に、当時日向国《ひゅうがのくに》（現在の宮崎県）都於郡城《とのこおり》（同、西都市都於郡）に生まれました。都於郡城は、戦国時代に日向国を治めていた伊東氏の居城で、マンショは、その重臣の一人、伊東修理亮祐青《いとうしゅりのすけすけきよ》と、母・町の上《まちのうえ》の長男です。

もちろん出生直後はキリシタンではなく、幼名は虎千代と名づけられました。町の上は伊東家10代義祐《よしすけ》の娘だったことから、のちに訪ねたローマでは、「日向国の王の孫にして甥」と自ら記していたといわれています。

時は戦国時代。京都には足利義輝将軍がいましたが、1560年には桶狭間の戦いで織田信長が今川義元を破り、天下統一への足掛かりをつくりました。そこから1582年に本能寺の変で明智光秀に殺されるまで、信長が戦国大名の中心的な役割を果たします。

同時にこの時代は、ヨーロッパでは「大航海時代」と呼ばれます。航海術の発達から、当時の大国スペイン、ポルトガル等が大船団を率いて7つの海を支配し、アジアへも触手を伸ばしていました。

日本でも、1543年に鉄砲が種子島（鹿児島県）にもたらされたり、1544年にはポルトガル船が薩摩（鹿児島県）にやってきて貿易を求めたり、外国との交流が始まります。1549年には、イエズス会の宣教師フランシスコ・ザビエルが鹿児島にやってきて、以後、日本国内でもキリスト教の布教が始まりました。それまで極東の島国という地理的条件のおかげで、他国からの接触を受けていなかった日本も、ついに国際社会の荒波に巻き込まれる時代になったのです。

そういう中で、マンショたちは九州に生まれます。このころの九州は、薩摩に島津氏、豊後《ぶんご》（大分県）に大友氏という、2大勢力が他を圧倒していました。マンショが生まれた伊東家は、この2大勢力に挟まれた小さな藩で、どちらかといえば大友氏寄りの政策をとっていました。

山中200㎞の敗走

マンショが8歳くらいになっていた天正5年（1577年）、伊東家は、いやおうなく戦国大名同士の陣取り合戦の混乱に巻き込まれます。島津の大軍の攻略の前に、伊東家の家臣たちは城を捨てて大友氏の領土を目指して逃げて生き延びる道を選び、マンショたち子どもや母・町の上たち女性も含めて、一団となって山道を歩いて約２００km先の豊後へと向かったのです。

時は真冬の12月。一行は島津軍の追手に見つからないように、人目につかない山中の小道を選び、夜の野宿でもたき火もできません。寒さに震え、山道で傷ついた足や身体から流れる血を拭うこともできずに、誰もが空腹と疲れ、身体の痛みに耐えながら、約20日間をかけての逃避行となりました。

マンショはまだ子どもでしたが、父や叔父たちは戦の最前線に出ていましたから、母や幼い弟たちを守りながら、この逃避行を成功させなければならない立場でした。当時の男の子、ことに長男は、家長という立場がありましたから、幼いころからその使命感をもってしっかりとしていたのでしょう。マンショは見事に家族とともに、大友氏の軍勢が待つ豊後へと逃げ延びることができたのです。

この体験は、宮崎市では「伊東一族の豊後落ちの道を歩こう会」の主催で、毎年１度、多くの市民が参加して、同じ行程を歩く会として開催されていました。

開催理由の一つは、「当時8歳前後のマンショたちにとって、母や兄弟たちを励ましながら歩ききったこの道中の経験が、のちの遣欧使節団としての大いなる旅への不屈の精神力を養った」とされているからです。マンショの強い精神力の原点を、後世の人たちはこの少年時代の体験にみようとしています。ヨーロッパ人からみても驚きだった日本の少年の強い精神力は、戦国時代という過酷な時代の中で養われていたのでしょう。

クリスチャンへの道

豊後国に落ち延びてからも、マンショたち伊東家一族の悲劇は続きました。頼りにしていた大友家の軍勢と島津家の軍勢が争い、大友軍は敗れてしまったのです。そうなると、匿《かく》まわれていた伊東家の面々は、いつまでも大友家の世話になっているわけにもいきません。家臣たちは密《ひそ》かに豊後を脱出して、四国で伊東家の再興を期すことになりました。

とはいえ、大勢の女性や子どもたちまでが四国についていったら足手まといになります。マンショと母・町の上たちは、そのまま豊後に留《とど》まって、貧しさに耐える生活を送ることになったのです。

そんなある日、マンショは、豊後国の中心地「府内《ふない》」を訪ねる機会がありました。当時府内は、若い時に宣教師フランシスコ・ザビエルと出会い、大きな影響を受けてキリスト教に強く惹《ひ》かれていた大名・大友宗麟《そうりん》が作りあげた理想の町でした。港には大海を渡ってやってきた南蛮船（当時はヨーロッパや東南アジアの国々のことを南蛮と呼びました）が何艘《そう》も並び、教会や病院、孤児院なども開設されていました。

宗麟は、キリストの教えに憧れただけでなく、ヨーロッパとの交易を通じて強い国をつくり、九州一、全国一の王国をつくろうとしていたのです。

マンショは府内の町で、布教のためにヨーロッパから来ていた宣教師ペドロ・ラモンと出会います。親しく話しているうちに、「母と兄弟で貧しいながらも新しい生活を始めたい」というマンショの希望と、「人は神の前で等しく生まれている、貧しい人にも慈愛を」というキリストの教えが響き合い、マンショはキリスト教に惹かれていきました。

ほどなくして、マンショはキリスト教の洗礼を受けます。つけられたクリスチャン名は「ドン・マンショ」。のちに遣欧使節団の一員としてヨーロッパを訪ねたマンショは、自分の名前を漢字で「満所」と記しています。「満つる所」というふうに、自分の名前の意味を考えていたのでしょう。

この日以降、洗礼を受けたマンショは府内の教会に入り、宣教師ペドロのもとでキリスト教の知識だけでなく、さまざまな西洋文化に触れることになりました。それは、「人は等しく生まれ、それぞれに大切にされるべき」という、日本の戦国時代にはありえなかった、愛と慈しみに満ちた心豊かな生活でした。

新しい門出

クリスチャンになったマンショたちを待っていたのは、イエズス会の宣教師たちが教師となって様々なことを伝授する「教育」でした。イエズス会のアジアの責任者で、天正7年（1579年）に日本に来ていたイタリア生まれのアレッサンドロ・ヴァリニャーノ神父は、その布教活動をこう考えたのです。

「日本人にキリスト教を語るには、日本の文化や考え方を知り、日本語で話さなければならない」

「日本人への布教活動は、日本人宣教師が行うべきだ。だから、日本人宣教師を養成していこう」

その考えを具現化したのが、長崎県の有馬と滋賀県の安土に開設したセミナリヨ（中等神学校）と、各地にできたノビシャド（修練院）やコレジオ（高等神学校）でした。

マンショは有馬のセミナリヨに入れられて、当時としては世界最高峰の教育を受けたのです。

セミナリヨに入学を許されたのは、いずれも身分の高い武士の子どもたちでした。全寮制で、早朝から夜遅くまで、信仰と学びの生活がくり返されます。

夏は、午前4時半に起きて朝の祈り、5時からミサ、6時から独習、7時半からラテン語の授業、9時に食事と休憩、11時から日本語の読み書き、午後2時から音楽、3時からから再びラテン語、5時から夕食と休憩、7時からラテン語の復習、8時には1日の反省を行ってその後就寝と、本当に息つく間もないほどの過密スケジュールです。

その中でも、マンショの心をとらえたのは、それまで聴いたこともないような美しい音色を奏でる西洋の楽器のレッスンでした。当時の楽器は、現在のものとは異なります。たとえばクラボという楽器は、いまのピアノを小型にしたような鍵盤楽器、ハープの原型といわれるアルパ、ヴァイオリンの一種のラベイカ、あるいはパイプオルガンというような楽器でした。

マンショたちは、宣教師の先生に教わりながら、少しずつ演奏技術も進歩していきました。やがてこの演奏の腕前は、ヨーロッパでも帰国後の日本国内でも多くの人々を魅了して、友好親善に役立っています。音楽の力は、世界中どこにいっても普遍なのです。そのことを日本人として最初に実感したのも、マンショたちだったと言っていいでしょう。

やがて天正9年（1581年）、マンショには大きな役割が授けられます。それは、日本の武士の子どもとして育っていたらありえないような、大きな「挑戦」でした。もちろん当時としては、生命を懸《か》けた「冒険」です。

それは――ある日ヴァリニャーノ神父は、マンショにこう告げたのです。

従兄弟に代わって遣欧使節団に

「マンショ、君は従兄弟のゼロニモ祐勝《すけかつ》に代わって、使節団としてヨーロッパに行ってきてほしい」

「えっ？　私でいいのでしょうか？　ヴァリニャーノ様」

「君は伊東家の一族の者、直系とはいえなくても宗麟様とも関わりがある。君ならこの大役を立派に果たしてくれると信じている」

「わかりました。光栄です。使節の役割、精一杯つとめます」

このころヴァリニャーノ神父には、一つの懸案がありました。

天正9年に京都に上り、事実上天下統一を果たしていた織田信長に謁見し、キリスト教布教の約束はとりつけたものの、資金不足に喘《あえ》いでいたのです。

もちろん、カトリックの総本山であるローマ（ヴァチカン）には何度も直訴の手紙を書き、「資金を送ってほしい」と頼んだのですが、ローマ教皇をはじめとして本部の人たちは、アジアはあまりに遠く、行ったことも見たこともなかっただけに（当時は写真もビデオもありません）、日本と日本人への理解が足りなかったのです。

——ならばローマの人々にも本物の日本人に接してもらい、日本の高度な文化文明に対する理解を深めてもらいたい。

ヴァリニャーノ神父はそう考えて、当時としては途方もない「少年使節団のヨーロッパ派遣」を計画したのです。九州の大名でキリスト教に理解のある大友宗麟、有馬晴信《はるのぶ》、大村純忠《すみただ》（当時はキリシタン大名と呼ばれていました）に連絡して、それぞれの大名の名代として各セミナリヨから若者を選出してもらい、使節団を組みました。

当初宗麟の名代には伊東家の直系のゼロニモ祐勝が予定されていましたが、彼は安土のセミナリヨで学んでいて出航までに間に合わなかったので、急遽《きゅうきょ》マンショが選ばれました。それが、のちに序章で記したように、ヴェネツィアで肖像画に描かれるほど活躍したのですから、人の運命はわからないものです。もちろんこのとき、マンショにしてもその航海がどんなに過酷なものになるのか、何一つわかっていませんでした。

当時の船旅の現実

それにしても、ヴァリニャーノ神父は途方もない計画を打ち立てたものです。宗教の力はそれほどまでに強いのかと、驚かざるを得ません。

マンショたちが長崎の港を出航したのは、天正10年（１５８２年）２月20日。ヴァリニャーノ神父が集めたメンバーはマンショの他、千々岩《ちぢわ》ミゲル、中浦ジュリアン、原マルチーノの４人。いずれも13、14歳の少年たちでした。その他に、引率者としてヴァリニャーノ神父、ディオゴ・メスキータ神父ら３人、他に随行員２人、計９人はポルトガル商船に乗り込み、まずは東シナ海を横断してマカオを目指しました。

このころの船に動力はありません。帆《ほ》に風をはらませて進む帆船です。季節風を利用して走るので、日本を離れるときには冬、日本に来るときには夏でないとなりません。ところが、冬の東シナ海は荒れることで有名です。古くは遣隋使や遣唐使も、何人がこの海で生命を落としたかわかりません。

当時の船は、３００トン程度のナウ型と呼ばれた木製の船です。船首と船尾が高くなっていて、内部は2、3層に分かれています。港に泊まっているときにはさすがに大きく見えますが、大海原に出てしまえば、大海に投げ出された木の葉のようなものです。長崎を出て3日目には大きな時化《しけ》にあい、少年たちはひどい船酔いに地獄の苦しみを経験しました。

とはいえ、少年たちを待ち受けているのは、日本からマカオまでの距離の10倍以上もの航路です。マンショたちは、水平線に何も見えなくなってから、この旅の無謀さに気づいたかもしれません。

マカオに着いたのは長崎を出てから17日目の3月9日。ここで季節風が吹き始めるのを約10カ月待って、その間、ラテン語やローマ字の学習、楽器演奏に励んだと言われています。

このように、すべてが風任せ、運任せ、とても計画通りの旅などできない。それがこの時代の船旅の現実だったのです。

大航海の時代

マンショたちが海を渡ったこの時代は、歴史的には「大航海時代」と呼ばれています。15世紀半ばから17世紀半ばまで続いたこの時代は、ヨーロッパ人によるインド、アジア大陸、アメリカ大陸などの発見と植民地化がその特徴です。

1502年に描かれた現存する世界最古の平面天球図「カンティーノ平面天球図」には、クリストファー・コロンブスが中央アメリカを（1492年、バハマ諸島に到着）、ガスパル・コルテ＝レアルがニューファンドランド島を（1501年到着）、ヴァスコ・ダ・ガマがインドを（1498年到着）、ペドロ・アルバレス・カブラルがブラジルを（1500年到着）、それぞれ最初に発見した事が記されています。

またマゼランは、1519年にスペインのセビリアを出航し、途中本人はフィリピンで殺されるも、部下たちは航海を続け、1522年セビリアに帰還。世界一周を果たして、地球は球体であることを証明しました。

これらの命がけの旅は、いずれも各国国王や貴族たちから莫大《ばくだい》な資金提供を受け、当時の最先端の船を使ってプロの航海士がなし遂げたものです。

新大陸を発見し、その領土を獲得すると、胡椒《こしょう》やトマト等に代表される新しい食材や植物、奴隷とした労働力、金銀等の鉱脈等、莫大な利益を本国にもたらしました（これが資本主義の原型になりました）。利益を得たのは旅の資金を提供した資本家だけではありません。船員として乗り込んだ貧者や下層民たちも、生きて戻ってくればたちまち王侯貴族なみの富と名声が転がり込んだのです。

新大陸や新諸島の発見と植民地化は、もちろん早い者勝ちです。当時の大国だったスペインやポルトガルだけでなく、新興国だったイギリスやオランダにもまだ見ぬ新大陸（ニューフロンティア）の夢は広がり、瞬く間にヨーロッパ中を席巻していきました。

ローマ教皇の海外戦略

経済だけではありません。じつはキリスト教の世界にも、この大航海ブームにのって世界中に勢力を拡大しようという考えがありました。

16世紀初頭から、宗教改革の嵐に曝《さら》されていたカトリック教会は、相次いで成立したプロテスタントの諸派に対抗するために、大航海で発見される新大陸＝ニューフロンティアへの布教を思いついたのです。海外で信者を獲得し、一気にプロテスタントの勢力を凌駕《りょうが》しようという考えです。カトリック教会は、強固なカトリック教国であったポルトガルやスペイン両国の大航海の旅に、布教拡大の使命感に溢《あふ》れた宣教師を同行させ、生命を賭けて両国が獲得した領土での布教活動を開始しました。

つまり、日本に最初にやってきた宣教師フランシスコ・ザビエルも、マンショらが府内で出会った宣教師ペドロ・ラモンも、派欧使節団を思いついたヴァリニャーノ神父も、みなこの布教活動の一環で日本にやってきました。

ちなみに、彼らが所属していたイエズス会の神父は、カトリックの神父の中で一番勉強したハイグレードでハイクラスの神父を意味しています。清貧で謙虚なのはフランシスコ会の修道士で、冬でもサンダルで歩かなければなりません。おしゃれもしてはいけない決まりです。

イエズス会の神父は、日本に来れば織田信長や他の大名にも謁見できるほどの格を持ち、着ているものも正装でした。彼らはポルトガル、イタリア、スペイン等、ヨーロッパのいろいろな国からやってきて、単にキリスト教を布教するだけではなく、日本に当時のヨーロッパの最先端の文化や文明を伝え、また貿易をしたりもしていたのです。

10代のマンショたちがヨーロッパに送られたのも、大きく見れば、このようなカトリックのエクスパンション（拡大路線）の結果だったともいえると思います。

死の淵を見ながらの旅

マカオを出たマンショたち一行は、まさに「死の淵を垣間見る」旅を続けました。南シナ海を進むと、難破した南蛮船がみえました。なんとそれは、マカオで一行が乗り換える予定の船でした。ひょんなことでマカオまで来た船に乗り続けたことで、一行は海の藻屑《もくず》になることを避けられたのです。

また赤道直下のインド洋では、無風で（凪《なぎ》といいます）船が進まずに、猛暑の中、マンショは疫痢《えきり》にかかってしまいました。このときはヴァリニャーノ神父の献身的な介護でなんとか一命を取り留めることはできましたが、いつ何どき誰かが絶命しても不思議ではない、過酷な旅が続いたのです。

一行がインドのゴアに着いたのは、長崎を出てから1年9カ月後のこと。マカオでの10カ月滞在を差し引いてもその長い時間から、当時の船旅の厳しさがわかると思います。当時のゴアは、ポルトガルのアジア経営の中心都市でした。教会、修道院、宮殿が造られ、人口は30万人。アジアにありながら、ヨーロッパの風が感じられる、当時の最先端の街でした。マンショたちは、ポルトガルの東洋領を治めるインド副王に謁見し、九州の三大名の親書を読み上げ、この旅の最初の「大使」としての役割を果たしました。

ところが、ゴアを出てからも病魔が乗船した人々に襲いかかります。インド洋から大西洋に出る難所、喜望峰（ケープタウン）を無事に通過したと一安心したころ、乗組員たちが次々と発熱し、後にナポレオンが幽閉されることになるセントヘレナ島を通過するまでに、なんと32名もが亡くなったのです。

船には医師も乗っていたはずですが、当時の医学では、陸地にいても満足な薬はなく、十分な手当てもできなかったのですから、まして海上ではおして知るべしです。唯一の奇跡は、マンショたち使節団からは病没する者が出なかったこと。若者の体力と使命感が病魔から生命を守ったのだというほかありません。

やがて天正12年（１５８４年）８月10日、マンショたちが乗った船は、ポルトガルの首都リスボンを流れるテージョ河の河口に、静かに入りました。出航してからじつに２年半、約９００日もの長い時間をかけて、やっとヨーロッパ大陸にたどり着いたのです。赤道直下の灼熱《しゃくねつ》の太陽、船を木の葉のように揺さぶる嵐、熱病、飢餓等々――、幾多の厳しい試練を経て、マンショたちはやっと西洋の地にたちました。

さぁ、ここからが大使としての使命を果たすときです。

旅の途中で15、16歳になっていたマンショたちの表情が、一層輝いていたことはいうまでもありません。

これが憧れのヨーロッパだ！

マンショたちがリスボンの港にたどり着いたとき、リスボンの城砦《じょうさい》からはたくさんの祝砲が轟《とどろ》きました。遠くアジアからの使節団の少年たち一行が港に入ってくることは、何日も前から伝令船で伝わっていて、みな首を長くしてその姿が見えるのを待っていたのです。

船を降りたマンショたちにとって、見るもの聞くものすべてが驚きだったはずです。港には大小の帆船がひしめき、高台には修道院の立派な建物が見えます。上陸するとイエズス会の関係者が大勢集まって祝福してくれ、マンショたちは巨大な教会や造船所、競技場、武器庫などを視察して回りました。夜はサン・ロケ修道院で過ごし、その後、リスボンに隣接する町・シントラに移動。シントラには王宮があり、「地上の楽園」とも呼ばれていました。このエヴォラ大司教座教会では、マンショとミゲルが見事なパイプオルガンを披露して、大聖堂一杯に大喝采が鳴り響いたと伝えられています。

さらに一行はイベリア半島の中心平原地帯の町を進み、各地で大歓迎を受けながらスペインの古都トレドに入ります。ここでも王宮や教会などを見物して、そのスケールの大きさに度肝を抜かれました。

彼らの登場は、当時のヨーロッパ人にとっても、衝撃的でした。なぜなら、日本人を初めて目の当たりにする機会だったのですから。日本人の小柄な体格、髪の毛や目の色、顔のつくりや雰囲気、シントラ宮殿で見せた着物姿等々、すべてが興味深いものだったはずです。

だから、マンショたちの姿は多くの絵画に残ったり、新聞記事になったりしています。スペイン、イタリア、ポルトガル等の博物館に行けば、彼らの描かれた絵画や彼らが書いた署名等、一行がはるかヨーロッパに本当にたどり着いた証拠がたくさん残されています。そして、今でも大切に保存されていることからも、彼らの登場の衝撃がわかります。

そもそも当時のヨーロッパのキリスト教の世界では、字が読めない人が多かったのです。識字率が極端に低かった。字が読めて教育を受けることができるのは、金持ちだけでした。

だから、ヨーロッパの教会には、壁にたくさんの絵が描かれています。あれは、文字を読めない人のために、絵でキリスト教の歴史を説明していたのです。

ところが、マンショたちは別の世界からやってきたにもかかわらず、ラテン語の読み書きができた。しかも、マンショ直筆のラテン語の手紙はかなりの達筆でした。だからヨーロッパの人たちは、マンショたちのことをものすごいインテリだと思ったのです。

だからマンショたちは単なる旅人ではなく、自分たちが知らない世界から来た文化大使だと思われました。

彼らは、アジアには一つの別の文化があることを理解できました。そして、誰もがもの凄く興味を持って、たくさんの質問をしたのです。

今でもそうですが、アジアとヨーロッパは、まったく逆の世界です。ヨーロッパでは建物は石やレンガでできていますが、日本では木造です。彫刻もヨーロッパは石製ですが、日本や中国では多くは木製です。そういうお互いの文化文明の差異も、彼らには面白かったと思います。

日本のことを教えてください

マンショたちはクリスチャンの洗礼を受けていましたが、同時に誇り高き侍の子弟でした。彼らの中には、日本と日本人がルーツとしてしっかりとありました。だから2年半もかけて命がけで旅してヨーロッパまでたどり着き、ヨーロッパ人に自分の国・日本のことを誇りを持って説明しています。シントラ宮殿で着物姿を披露しただけでなく、様々な日本文化を伝えたという記録がたくさん残っています。

ヨーロッパの人々も、彼らに対して「日本の国とはどこにあるのですか?」「何を神様とする国なのですか?」と、次々と質問を浴びせています。マンショたちの訪欧の250年ほど前に、マルコ・ポーロの東方見聞録が日本のことを、「黄金の国・ジパング」と伝えていました。しかし、ヨーロッパの人が日本の文化を身につけた日本人と出会い、会話をしたのはこのときが初めてでした。

だからマンショたちは一生懸命努力して、自分の国・日本のことを伝えていったのです。国の首相でも大統領でも政治家でもない若者の姿勢としては、本当に素晴らしいと思います。私が「マンショたちこそ、歴史上日本最初のヨーロッパ大使だ」と言うのは、そんな行動を指してのことなのです。

世界の王様との謁見

１５８４年11月14日、ヨーロッパ滞在も３カ月を越えようとしていたころ、マンショたち一行には重要な行事がありました。

それは、当時世界最強のスペイン国王とポルトガル国王を兼ねていた、フェリペ２世に謁見することでした。それまでも、一行は華々しい歓待を受けていました。貴族の家でのお姫様の愛情こもった歓迎を受けたり、ドン・カルロス皇太子の豪華な宣誓式への出席等々。

けれど、国王のフェリペ２世に謁見できることは、これ以上ない驚きと喜びでした。

その日、マドリードの王宮前には、大勢の市民がごった返していました。４人の乗った馬車は太陽門から宮殿に入りました。王宮奥の部屋の前では、国王フェリペ２世が、黒の礼服に威儀を正し、皇太子らを従えて一行の到着を待っています。

現在の国賓《こくひん》の歓迎式典を思い出していただきたいのですが、国王、すなわち日本ならば天皇や首相が自ら列席する式典は、国賓に限られています。アジアからやってきたとはいえ、マンショたちは日本では「格式のある家柄の武士の子ども」程度なのですから、ヨーロッパではその階級を飛び越えて、最大限の歓待を受けたといって過言ではありません。

マンショが跪《ひざまず》いて国王の手に接吻《せっぷん》すると、国王はマンショを立たせ、しっかりと抱擁しました。続いて他の3人も抱擁して、その長旅を労《ねぎら》ってくれたのです。

このとき、国王は、マンショたちの着ていた衣装に大変興味を示し、刀や腰板《こしいた》にしきりに触り、足元の草履を見つめたといわれます。マンショがさりげなく片方を脱いで差し出すと、国王はそれを手にしてじっと見ていたそうです。国王にとっても、文化のまったく異なる人間との出会いはとても新鮮な驚きだったのです。

今でもそうですが、ヨーロッパの人たちは、ベッドに入るとき以外は革靴を脱がない人が少なくありません。人前で足の甲を見せることも見ることも習慣としていないので、日本に来て下駄や草履の人を見ると、とても不思議に思います。約500年前の国王にしても、同じ感覚だったのでしょう。

しかもこのときマンショたちは、日本の大名から預かってきた品物を献上し親書を修道士が読み上げ、マンショたちも日本語で挨拶しています。国王は日本文の縦書きに興味を示し、チンプンカンプンの発音に、皇太子らは大笑いしたといわれます。

まさに王室を舞台にした異文化交流が行われたのです。

ルネッサンス文化との遭遇

スペインのマドリードでのフェリペ2世との謁見を終えたマンショたちは、地中海を船でイタリアに向かいました。この時代のイタリアは、ルネッサンス文化の真っ只中《ただなか》。トスカーナ大公国の首都・フィレンツェを訪ねたときは、数々の名画に出会っています。一行が滞在したヴェッキオ宮殿隣にある美術館には、ボッティチェリの「春」、「ヴィーナス誕生」、レオナルド・ダ・ヴィンチの「受胎告知」、ミケランジェロの「聖家族」等、イタリアルネッサンス期の名作が展示されていました。

あるとき、「聖母画」を拝観しようとした際には、群衆が押しかけて近寄れず、とうとう夜明けを狙って美術館に入ったとか。動物園を見学してクマやライオン、トラなどを見て喜んだ、等々の記録も残っています。

また斜塔で有名なピサでは、マンショはこんな一文を残しています。

「大胆に構え、勇気をだして気骨の折れる戦闘に出陣した」

いったいマンショは、ピサで戦闘に巻き込まれたのでしょうか？

いえいえ、これはマンショが初めて社交ダンスに挑戦したときの手記といわれています。

ある夜、ビアンカ公妃主催の舞踏会があり、使節も招かれました。その公妃のダンスの相手に、なんとマンショが指名されたのです。マンショは一瞬戸惑ったようですが、心を落ち着けて時折ステップを間違いながらも踊り終え、参加者の称賛を浴びました。社交ダンス界においても、マンショは日本人第一号だったことになります。

さぁ、このあと一行はこの旅のクライマックス、ローマ教皇との謁見に臨みます。時は1585年（天正13年）3月23日、ローマの街は、早朝から歓迎の人で埋まり、建物の窓からも人々が身を乗り出して、マンショたちを一目見ようとしていたという資料が残っています。

晴れ舞台

「ビーバ、ジャポネーゼ!!（日本人万歳〜）」

この日ヴァチカン宮殿へと続く沿道には、集まった観衆からの大きな叫び声と拍手が鳴り響きました。それは、現在イタリアで活躍するサッカー選手、本田圭佑や長友佑都に対する声援など及びもつかないほど大きなものだったはずです。

100名を超える武装した教皇軽騎兵を先頭に、スイス兵守備隊（いまもヴァチカンを守っているのはスイス人の傭兵です）、着飾った枢機卿の家臣団、各国大使らが続きます。このパレードの内容一つとっても、マンショたちが国賓待遇で歓迎されたことがわかります。

この後に、いよいよマンショたちの登場です。

2人の大司教に守られて、黒のビロードの馬衣《うまぎぬ》に黄金の馬具をつけた駿馬《しゅんめ》にまたがって、白地に金糸の花鳥模様を縫い込んだ着物を着、腰には宝石が輝く黒漆《こくしつ》の大小両刀をさし、右手には文箱を握りしめた少年、それこそが伊東マンショです。もちろん、千々石ミゲルと原マルチーノがそれに続きます。このとき、中浦ジュリアンは高熱を出して、馬車に乗せられてヴァチカンに先に入っていました。

この一行を歓迎するために、城砦からは300発の祝砲が轟き、市内の全教会の鐘という鐘が打ち鳴らされました。教皇庁の門をくぐると、いよいよ教皇との謁見です。

「私たちは、日本の大名の使節としてローマ教皇を拝し、誠実と信義、従順の情を表すためにここにやってきました」

ヴァチカン宮殿の「帝王の間」に、マンショの日本語での挨拶が響きました。その言葉を同行のメスキータ神父が訳すと、このとき84歳、白く長い髭《ひげ》を蓄え、威厳に満ちた表情の教皇グレゴリオ13世の目からも、熱いものが込み上げています。3人が教皇の前に額《ぬか》ずくと、教皇は少年たちを抱き起こして、額に接吻しました。

カトリックの頂点に立つ教皇にしてみれば、マンショたちは3年もの歳月をかけ、苦難の行程を乗り越えて、海の果てからやってきた「我が子」らです。教皇の目は潤み、それを見た大勢の列席者も目頭をおさえています。

カトリックの事情

とはいえ、この時の教皇の涙には、別の意味も含まれていたと私は思っています。ローマ教皇と謁見でき、額に接吻を受けるなどということは、とても一般の信徒には想像できません。当時もいまも、それはとても名誉なことです。カトリック教徒にとっては、教皇はまさに「トップの中のトップ」。近寄るべき人ではないのです。

ところが歴史的に見てみると、彼らと出会ったことはローマ教皇にとってもとても幸運なことでした。あの当時、クリスチャンの世界では異端尋問が行われていました。異端者の摘発と処罰のために、徹底した密告と拷問を伴う尋問が行われたのです。つまり、ひどい人権侵害が行われていたわけです。そのため、ローマ教皇のイメージが揺らいでいました。

ところがそこに、はるばる海の果ての国の日本から、カトリック教徒の少年がやってきた。文字通り命をかけて2年半もの歳月を経て海を越えてきた。彼らがその苦難に打ち勝ったのは、ただ一つ、ローマ教皇に会いたいという、その信念でした。

ヨーロッパ人から見たら、それほどローマ教皇の存在は世界的だし、異文化の人からも崇《あが》められているのだという宣伝になったのです。結果的に、ローマ教皇、ひいてはヴァチカンのイメージアップになりました。

それを見ていた一般の信者も、この出来事には納得です。当時、多くの新聞記事になり、絵画もたくさん描かれて、人々の間に大ニュースとして浸透していきました。

そのことから、カトリックのイメージアップだけではなく、前述の問題も自然と解決したのです。また元通りのローマ教皇のイメージに戻りました。だからローマ教皇にとっても、マンショらがやってきたタイミングはとても良かったのです。

思慮深い話し方

ヴァチカンでの謁見式を見た一般市民たちも、マンショたち一行をとてもいいイメージで捉えたようです。

資料には「思慮深い話し方、食事の様子も優雅で慎み深く、列席者一堂を満足させた」とあります。逆にいえば、それほどマンショたちの一挙手一投足は注目されていたということです。万が一教皇の前で粗相があったら、「やっぱりアジアは未開の地だ」ということになり、ヨーロッパ列強の植民地政策が進んでしまったかもしれません。その意味でも、マンショたち大使が果たす役割は重要だったのです。

謁見式の後も教皇はマンショたちを自分の部屋に招き、日本のことについてあれこれ質問しています。教皇からはビロードの服3着ずつが贈呈されたことも含めて、まさに異例の待遇でした。発熱のために行列から抜けていた中浦ジュリアンも、非公式に教皇との謁見を許され、「いまは健康のことだけを考えていなさい」と諭されたといわれます。このときの教皇の深い慈愛は、終生ジュリアンの心に刻み込まれました。

この後も、一行を招いた公式行事は続きます。

3月11日にはヴァチカンでのミサに招かれ、4月3日には特別な会見場所でマンショとミゲルの講演会がありました。このときヴァチカンは、日本への毎年の寄進やセミナリヨの開設を約束しています。遣欧使節団の役割は、このとき正式に達成されたのです。

これに対してマンショたちは、織田信長から託されていた、当時最高の画工たちによる「安土城屏風絵《びょうぶ》」等、数々の品物を献上しました。屏風絵は、その後宮殿の地図の間に飾られていましたが、その後紛失して行方がわからなくなっているのはとても残念なことです。

サンマリノにもやってきた⁉

伊東マンショのグループの足跡は、イタリアの中東部の海岸線にあるリミニという町の博物館にも残っています。彼らがその町を訪ねた証拠です。彼らがそのときとった行動や会った人のことが、当時の資料には書かれています。

一行はリミニには1週間以上泊まり、当時の新聞にも登場しています。お金持ちの貴族の家にも泊まりました。その貴族が、彼らのためにパーティーを開いた記録が残っています。

そのリミニから私の母国サンマリノ共和国までは、当時でも馬車で2〜3時間程度ですから、マンショたちはサンマリノにも行ったはずです。当時としても、それはそれほど難しいことではありません。朝リミニを出発してサンマリノに向かえば、夕方にはリミニには戻れる距離です。

残念ながら、サンマリノにはマンショたちの足跡は残っていませんが、好奇心の旺盛だったマンショたちのこと、イタリア国内にもう一つの共和国があると聞けば、訪ねなかったはずはないと私は信じています。

こうして、彼らのイタリア滞在は続きました。当時のイタリアは、たくさんの公国に分かれていましたが、その多くの公国からの要望を受け入れて、北イタリアを廻って歓迎攻めにあっています。ボローニャ、ヴェネツィア、ミラノ、ジェノヴァ等々。ヴェネツィアでは当時の代表的な画家ティントレットが肖像画を描いたという記録だけが残っていましたが、序章でも記したように、ついにそれが４００年の時を超えて発見されたのです。

まさに蘇る遣欧少年使節団、蘇る伊東マンショ。４００年の時を超えて、日本最初のヨーロッパ大使たちの旅は、今また、世界の脚光を浴びることになったのです。

印刷技術を日本にもたらす

もう一つ、この旅で忘れてならないのは、マンショたちが数多くのヨーロッパの最新の文化文明と出会い、それを日本に持ち帰ったことです。

マンショたち一行の行動が、瞬く間にイタリア全土、ヨーロッパ中に伝わったことはすでに述べました。それが可能になったのは、新聞や書籍を大量に刷るための印刷技術が発明され、それが改良されて普及していたという事実も大きかったのです。

このときヨーロッパで刊行されたマンショたちの関連書物は48点、8年後までを加えると90点以上に及んでいます。遠くアウクスブルクでも、マンショたちの訪問を伝える新聞記事が書かれています。

マンショたちは、海を通じて世界の結びつきを可能にした羅針盤、戦い方を一変させた火薬、知識を広く流通させた印刷機――そういった、人類史上画期的な発明発見の時代に立ち会っていたのです。その意味でも、日本人としては史上稀《まれ》な若者たちだったといっていいと思います。

アウクスブルクで刊行された新聞が伝える少年使節たち。メスキータ神父を中央に左上段から時計回りに中浦ジュリアン、伊東マンショ、千々石ミゲル、原マルチーノ。マンショは正使として冠を持つ（京都大学付属図書館所蔵）

マンショたちがヨーロッパから持ち帰ったのは、地図や航海図、地球儀、測量機械、時計（当時は時鳴鐘《じめいしょう》といっていました）、西洋楽器等々。それだけでなく、ヨーロッパに滞在している間、彼らは壮大な教会建築や荘厳な美術品などもたくさん見ました。それが彼らにはすごく印象に残っていて、日本に戻った後、ヨーロッパの文化文明の素晴らしさを日本の大名や家臣団たちに精一杯報告しています。まるでアジアの文化文明を、シルクロードを旅してヨーロッパに伝えたマルコ・ポーロのようです。

現在から見ても、異文化交流の素晴らしい成果だったと改めて思います。

コロンブスやマルコ・ポーロよりも凄い大偉業

アメリカ大陸を発見したクリストファー・コロンブスや、シルクロードを旅したマルコ・ポーロなどのことは世界中の人が知っているのに、彼らの偉業は世界の人だけでなく、日本人の中でもあまり知られていません。それが残念でなりません。

彼らが旅立ったときは、まだ13、14歳の子供だったのです。それに対してクリストファー・コロンブスやマルコ・ポーロたちは、船のことも詳しいし、当時の世界情勢の勉強も十分にしていました。王様の力をバックにしていましたから、知恵も力もあった。

もちろん、コロンブスにしてもマルコ・ポーロにしても、素晴らしいガッツがあったからあのような偉業が達成できたわけですが、マンショたちはまだ若い子どもだったのだから、偉業という点ではもっと凄かったと思います。

アジアの視点から考えても、この旅は素晴らしい快挙であり、特筆すべき「事件」です。

インドネシアやベトナム、中国、インド、シンガポール、マレーシアなどと比べても、日本はヨーロッパに対して一番遠い位置にあります。しかも、当時の貧弱な航海術を頼りに東シナ海を渡らないと大陸にすら達しない。ヨーロッパを目指すには、地理的には圧倒的に不利です。

それなのに、他の東アジアの国からは誰ひとりヨーロッパにはたどり着いていないのに、日本人だけがあの時代に最初にヨーロッパまで行ったのです。中国人は、あまりこういう旅をしなかったようです。

三蔵法師は孫悟空や猪八戒らを従えて西に向かって旅をしましたが、あれは仏教の聖典を求める旅で、それはインドにあると信じられていましたから、決してヨーロッパを目指したわけではありません。中国はシルクロードをたどっていけば、ヨーロッパに対して最も近いのに、誰も行こうとはしなかった。

そういうことを考えると、日本人の伊東マンショたちは非常にガッツがあった。なんとかたどり着きたい、新しい世界を見たいというモチベーションが強かったのでしょう。彼らのことを思うたびに、長年この異文化の国と関わってきた私には、何となく想像がつきます。彼らの旅のモチベーションが、理解できるように思うのです。

私はかつて機会を得て、九州に残るマンショたちのお墓に行きました。彼らが生まれた町や、生家の跡地や伝説が残るところまでも足を延ばしました。そうすることで、私は、あの時代に彼らがそこに生きた息吹を感じられたような気がしています。

日本最初の大使はマンショたちだけではない！

ところが驚くことに、日本人としてローマ教皇に会ったのは、じつは伊東マンショたち天正の遣欧少年使節団が最初ではありませんでした！　歴史を繙《ひもと》くとなんとその約30年前に単身ローマにたどり着き、時のローマ教皇パウルス4世に謁見した日本人、鹿児島のベルナルドがいたのです。厳密にいえば、彼が最初の大使とするべきかもしれません。

あるいはマンショたちから30年後、東北の伊達藩からは伊達政宗が主宰し、支倉常長《はせくらつねなが》をリーダーとする慶長遣欧使節団も、日本人として初めて大西洋を渡り、時の教皇パウロ５世に謁見しています。

また、マンショたちが長崎を発《た》ってから５年後に、豊後国のキリシタンの両親の下に生まれたペトロ・カスイ・岐部《きべ》は、１６１４年、江戸幕府のキリシタン追放令によってマカオに流され、そこから陸路でローマを目指す旅に出ています。

――マカオからヨーロッパを目指して歩き出した男がいる！

私はそのことを知ったときに、本当に身体が震えるような思いに囚《とら》われました。日本人はなんと勇敢で強靭なのか。あの時代の、ヨーロッパ文明に憧れる気持ちがいかに強かったのか。彼らの働きで、のちの人々はどんな恩恵を被ったのか。

本章の最後に、そういったマンショたち以外の「日本最初のヨーロッパへの大使たち」のことを記しておきましょう。

ザビエルと行動を共にした鹿児島のベルナルド

日本に最初にキリスト教がやってきたのは、前述したように1549年（天文18年）のことでした。イエズス会を創立し、インド方面の布教にあたっていたザビエルは、マラッカでひとりの日本人ヤジロウ（アンジロウ）と出会います。その聡明《そうめい》さに日本という国への興味を持ったザビエルは、同年8月15日に鹿児島に上陸。わずか2年間ですが、日本で布教に努めました。

そのとき、最初にザビエルから洗礼を受けたのが、「鹿児島のベルナルド」と呼ばれる若者でした。イエズス会の記録には「ベルナルド」という名前が残るのみで、日本名はわかりません。日本国内で布教の旅をするザビエルに同行し、その活動を支えたといわれています。

1551年11月15日、ザビエルが日本を離れるとき、ベルナルドは同行することになりました。記録によれば、大友家の家臣・上田弦佐なる武士と山口県出身のマテオ、ジョアン、アントニオ（いずれも日本名不明）という青年4人も一緒だったとされています。

マラッカを経てコチンへ、そしてのちにマンショたちも立ち寄ったゴアへ。ここでザビエルは中国を目指して旅立ち、ベルナルドはゴアに残ってイエズス会の学校で語学や神学を学びます。

やがて1553年3月、ベルナルドはひとり（マテオは病死）ポルトガルに向けて出発し、海路で同年9月にリスボンに到着しました。1度は病床に就きましたが、1554年2月からはコインブラの修道院で暮らし、イエズス会員としての養成を受けます。

このとき、ベルナルドの強い信仰心と真摯《しんし》な姿勢を聞いたローマにいるイグナチオ・デ・ロヨラはベルナルドをローマに招きました。招きを受けてベルナルドは陸路でスペインを抜け、バルセロナから船でイタリアに向かいます。

ローマへの到着は1555年の1月のこと。ここでベルナルドはローマ教皇パウルス4世と謁見しています。ローマ教皇と出会った最初の日本人は、ベルナルドなのです。

ローマに約9カ月滞在したベルナルドは、海路でスペインに向かい、そこからは陸路でポルトガルのリスボンに戻ります。再びコインブラにやってきたベルナルドはコインブラ大学で学んでいましたが、積年の疲労からか病の床に就き、そのまま衰弱して1557年3月に亡くなりました。

日本を離れてから約6年。いまならば、ポルトガルからイタリアへの旅は飛行機でも鉄道でもわずかな時間ですが、当時は地中海を旅するだけで大変な試練だったことがわかります。

マンショたちに先駆けること約30年。その行程のほとんどがひとりきりだったことを考えると、ベルナルドも相当強靭な精神の持ち主だったはずです。

アジアからヨーロッパまで徒歩で旅したペトロ岐部

体力と気力の強靭さといえば、この人は本当に特筆すべき人だと私は思います。

その名は、ペトロ・カスイ・岐部。日本名は岐部《きべ》茂勝《しげかつ》。

1587年（天正15年）に、豊後国のキリシタンの両親の下に生まれ、1639年（寛永16年）になくなっています。ちょうど関ヶ原の戦いが行われ、徳川家康が天下をとる時代です。日本のクリスチャンにとっては、1597年に豊臣秀吉が長崎でクリスチャンを死刑にしたことを皮切りに、徳川幕府による禁教令が厳しくなるころでした。

13歳の時、かつてマンショたちも学んだ有馬のセミナリヨに入学したペトロ岐部は、1614年（慶長19年）キリシタン追放令によってマカオへ流されます。それでもへこたれずに、ペトロは司祭になるべく同地のコレジオでラテン語と神学を学んでいました。

ところがマカオでは日本人への差別から、司祭になれないことがわかると、なんとペトロは独力でローマまで旅して、イエズス会の本部に直訴することを思いついたのです。記録によれば、マンショ小西、ミゲル・ミノエス（ともに日本人）とともにコレジオを脱出して船に乗りました。

マカオからマラッカ、ゴアまでは海路を進み、そこからペトロ岐部はひとりで陸路インドからペルシャを目指します。ホルムズ、バグダードを経て、日本人として初めて聖地エルサレムに到着した人となりました。

あの時代の旅を想像してみてください。アジアからヨーロッパまで徒歩で行くのです。当然道も整備されていないし、各地で盗賊も出るでしょう。病気になってもかけこむ病院もないし、薬屋もない。まして街道沿いに旅館やレストランがあったわけではありません。履物も何足必要だったことでしょう。

私が考えるに、ペトロ岐部はクリスチャンだったから、各地の修道院を訪ね歩き、そこの助けを受けて旅が続けられたのだと思います。そもそもホテルが生まれたのは、11世紀に始まる十字軍の遠征のときに、長旅に疲れた兵士たちを休ませる場所が起源だったとか。レストランも、その語源は心身を癒すという意味です。

つまりあの時代にあって、宗教と旅、そして旅館やレストランといった施設は、関連の深いものだったのです。当時にあって驚異的なペトロ岐部の旅は、そもそもクリスチャンでなければ成立しないものでした。各地の修道院で寝泊まりし、食べ物を分けてもらい、次の修道院までの道を案内してもらいながら、ペトロ岐部は旅を続けます。その途中で会うクリスチャンたちは、はるかローマを目指すという若者に、いろいろと食べ物や衣服等を支援してくれたのでしょう。

しかもその若者が極東の日本から来たというのですから、どんなに驚きだったことか。

その証拠に、マカオを出てから3年後の1620年にローマにたどり着いたペトロ岐部は、すでにイエズス会内で「マカオを脱出した日本人がローマに向かうから決して相手にしないように」という警告書が送られていたにも拘わらず、ローマでイエズス会の審査を受け、「司祭に相応《ふさわ》しい適性と十分な学識を供えている」と認められ、同年11月15日、サン・ジョバンニ・イン・ラテラノ大聖堂で司祭に叙されたのです。つまり、当時としては想像を絶した長旅が、なによりの信仰心の証拠とされたのでしょう。

この後ペトロ岐部は、ローマのイエズス会アンドレ修練院で２年間養成を受け、ポルトガルのリスボンに赴いて誓願しました。当時の日本のクリスチャンとしては、異例の階級まで上り詰めたことになります。

やがて１６２３年、ペトロ岐部は20名のイエズス会員とともにインドを目指す旅に出て、喜望峰を回って翌年ゴアにたどり着きました。そこでペトロは帰国を希望しましたが、すでに江戸幕府の禁教令は厳しさを増していて、司祭を乗せる船がありません。ペトロは日本への船を求めて東南アジアを回り、ついにマニラから日本に向かう船に乗り込むことに成功。約16年ぶりに日本の土を踏むことができました。

とはいえ、その後のペトロの歩みは、当時のクリスチャンの受難そのものでしかないのですが――。

フランシスコ会が仕掛けた慶長の使節団

一方、「使節団」と呼べる規模の団体の渡欧ということになると、マンショたち天正の遣欧使節団から遅れること約30年、慶長の支倉使節団がありました。

この時代、クリスチャンを巡る事態は複雑です。

すでに1597年（慶長2年）には、時の権力者である豊臣秀吉は、スペイン人が宣教師を派遣して人心を懐柔しようとしているとして、長崎西坂で「26人の聖人の殉教」と呼ばれる大弾圧を行っています。すでに帰国していたマンショたちは、秀吉に西洋の馬や数々の貢ぎ物を進呈し、チェンバロやビオラといった西洋楽器の演奏をして世界最高峰の文化文明を報告していましたが、その苦労も虚《むな》しく、キリスト教信者は受難の時代を迎えていたのです。

一方で、1603年に江戸幕府が開かれても、南蛮貿易にまつわる利権は莫大で、宣教師たちは布教よりも貿易を理由に来日を許されているという一面もありました。イエズス会だけでなく、フランシスコ会、アウグスティノ会、ドミニコ会等、いくつかの派閥が、貿易を理由に宣教師を日本に送り込んでいました。

そういう時代背景の中で、メキシコからセバスチャン・ビスカイノが家康の好意への返礼大使として来日します。このころ幕府内では、布教と貿易をからめるスペイン・ポルトガルの旧教国から、布教なしに近づいてきたイギリス・オランダ等の新教国へと、貿易相手を変える動きが勢いを増していました。東北で一大勢力を誇っていた伊達政宗は、南蛮貿易の利権に触手を伸ばしたいがために、フランシスコ会のルイス・ソテロとビスカイノを帰国させることを目的に、使節団を組みます。メキシコを目指し、スペインとの交易を目的とした旅でした。

そのとき使者として選ばれたのが、支倉常長でした。支倉家は古くから伊達家に仕えた家柄で、一説によれば常長は、秀吉の朝鮮出兵に際して派兵されていて、政宗の信頼を得ていたともいわれています。

１６１３年（慶長18年）９月15日、政宗がつくった「サン・ファン・バウチスタ」と呼ばれる船で、常長たち一行は仙台藩領月浦（現・石巻市）から太平洋を越える航海に旅立ちました。乗船したのは使節団、南蛮人、家臣、商人たち計180名。出航から4カ月後の翌年1月25日には無事に、メキシコ太平洋岸のアカプルコに到着しますが、皮肉にもすでにその頃には、日本国内では幕府による禁教令が発せられています。そのことも知らずに、メキシコでは、一行の中の20名が洗礼を受けているのです。その後のメンバーの悲惨な運命を示しているかのようなエピソードです。

受難の使節団

メキシコを陸路で横断した常長とソテロは、大西洋岸のベラクルスからスペインの船に乗ってキューバの首都ハバナに到着。そこからスペイン艦隊の船に便乗して、日本人として初めて大西洋を横断し、1614年10月5日、スペインのサン・ルカール・デ・バラメダに上陸。ソテロの故郷であるセビリアに入りました。

日本を発《た》ってからわずかに1年強。旅自体は順調でした。ところが常長一行には、厳しい現実が待ち受けていました。

スペイン国王フェリペ3世に謁見はできたものの、このときスペインでは、日本での禁教と弾圧、そして日本の目的が貿易のみであること、政宗が地方の一領主にすぎないことなど、使節団への批判が渦巻いていました。経済悪化もあって、国王からの旅費の支給も遅れます。

やっとローマ教皇に謁見できたのは、1615年11月3日のこと。このとき常長は、パウロ5世に「メキシコとの通商を行うために、スペイン国王へ仲介の労をとってほしい」との、政宗からの親書を手渡しています。このとき常長たち8名には、ローマ市民権が授与されました。それなりの歓迎は受けていたのです。

ところが帰国する前にもらわなければならない、スペイン国王からの親書は期待外れのものでした。現在インド公文書館に残っている公式の控えを見ると、そこには日本とメキシコの通商に関しては触れられていません。

双肩に担ってきた政宗からの期待には応えることができず、帰国する日本国内ではすでに禁教令が待っている――。

常長一行は追われるようにメキシコまで戻り、迎えに来たバウチスタ号に乗って日本を目指します。仙台へ戻ったのは1620年（元和6年）、ほぼ7年間にわたる長旅でした。

しかし、これだけの偉業をなし遂げた割には、その後の常長の足どりは杳《よう》として摑《つか》めません。支倉家の家系図では、帰国後2年で死去したことになっています。一説によれば、常長は亡くなるまでキリシタンで、妻や子や多くの身内にキリストの教えを広め、洗礼を勧めたということです。

岩倉具視も驚いた

こうしてみると、大航海時代の「日本最初のヨーロッパへの大使たち」は、いずれも世界史に残ってもいいような偉業を達成しながら、ヨーロッパ到達後や帰国後は、あまり恵まれた人生を送ることができませんでした。

というよりも、厳しい禁教令が敷かれた当時にあっては、その偉業も公言することができず、むしろ陰に隠れながらキリスト教を伝えなければならないという、「日陰の人生」を送らなければならなかったのです。

だからその偉業は、長い間彼らの故郷九州や仙台でも、語られずにきました。

そこに俄《にわか》に光が当たったのは、時代は下って明治維新後1871年（明治4年）、先進国の文化文明を学ぼうと岩倉具視や木戸孝允、大久保利通、伊藤博文ら、約50名に上る明治政府の大使節団がヨーロッパを訪ねたときのことでした。

――英独仏伊ら、先進国の実情をつぶさに学び、建国する日本の参考にしよう。

そう意気込んでやってきたヴェネツィアの国立公文書館で、岩倉が発見したのは、自分たちよりも約300年も前にこの地に日本人が到着して、ヨーロッパ人から大歓迎を受けていたという証拠の書簡でした。自分たちこそが最初の遣欧使節だと思っていた岩倉は、あまりに興奮して、随行員に常長のサインを模写させています。

それだけでなく岩倉は、イタリアの歴史家に2使節団の調査を依頼し、その成果が4年後に『イタリアへの古き使節』として刊行されています。それが2つの使節団の本格的な研究書の第1号となり、その後、イタリア語と日本語で、様々な研究書が発行されました。

つまり、マンショの肖像画の発見に興奮した私は、明治維新直後の岩倉具視と同じ体験をしたことになります。明治政府の重鎮を驚かすほど、2つの使節団の成果は、圧倒的なものがあったのです。

400年以上も前に、10代の若者たちが、船で、あるいは徒歩で、はるかヨーロッパを目指した。アジアで初の偉業をなし遂げた。

私は、これらの偉業をぜひ日本の教科書にもっと詳しく載せてほしい。そして子どもたちに、日本と外国との親善の意義、その大切さを教えたい。

日本は島国ではあるけれど、決して島国根性だけで生きているわけではない。大海原の向こうにまだ見ぬ理想を求めて、歩んでいくことの大切さ――。

今こそ、マンショたち大航海時代の大使たちに、正しく光が当たることを、私は祈っています。

終章

平和を守るために日本がとるべき「道」

世界平和に対して今必要なのは軍縮だ

2014年4月24日に皇居・宮殿の豊明殿《ほうめいでん》で開かれた米国オバマ大統領を歓迎するための宮中晩餐会。天皇皇后両陛下が主催されたこの晩餐会には、各国の要人や三権の長、首相経験者など、平成になってから最多の168人が出席しました。私も駐日外交団長として出席させていただきました。私にとっては7回目の宮中晩餐会です。

宮中晩餐会の2日前、外務省にオバマ大統領へ渡す手紙とプレゼント（サンマリノのことを綴《つづ》った英文小冊子とサンマリノ銀貨）を届けました。毎回、宮中晩餐会が開催されるたびに各国を代表して行う外交団長としての役割です。内容はごく簡単なものです。

「ようこそいらっしゃいました。日本での滞在が素晴らしいものであることを祈ります」

オバマ大統領はとても礼儀正しいジェントルマンでした。晩餐会の前に天皇陛下にご挨拶申し上げ、オバマ大統領にも挨拶しましたが、彼は私に歩み寄り、

「お手紙受け取りました。お気づかいいただき本当にどうもありがとう」

と、言って握手を求めてきました。作り笑いではない、満面の笑顔でした。晩餐会が始まり、乾杯が終わるとメディアは退席します。オバマ大統領は終始、緊張している様子でした。同席していたある要人が言っていました。

「オバマ大統領がアメリカで出席しているパーティーは、カジュアルな感じのものが多い。けれど日本で、陛下ご主催のパーティーは厳かで、みんな無駄口を叩《たた》いたりしないですからね。凛《りん》とした雰囲気が彼をそうさせたのでしょう」

宮中晩餐会でのしきたりなどは割愛しますが、この節ではアメリカや日本が世界平和のためにできる道を少し模索してみたいと思います。

ストックホルム国際研究所が発表した2013年の世界の軍事費を見てみたいと思います。1位はアメリカで6400億ドル、2位は中国で1880億ドル、続く3位はロシアの878億ドルです。ちなみに日本は486億ドルで第8位です。アメリカは前年比でマイナス7・8%、それに対して中国は7・4%増、ロシアは4・8%増と大きく伸ばしています。アメリカはマイナスになったとはいえ、世界の40%近くを占めており、急増中の中国とロシアを足してもアメリカの半分にもなりません。

様々な意見はあるとは思いますが、私見としては、軍縮こそが平和への近道だと考えます。軍事費が巨大な国は周囲が疑心暗鬼になります。もちろん、軍需産業があり、なかなか簡単にはいかないでしょう。しかし、あえて軍事費を削る勇気を持ってほしい。

アメリカは州によって違いはありますが、凶悪犯罪の発生率はかなり高いです。背景には新自由主義による経済格差があります。ホームレスも多く、貧困層の不満も溜まっています。そこにきて銃も簡単に手に入れることができるのですから、凶悪犯罪が多発するのも当たり前です。

理想論でいえば、国は武器の個人所有を禁止するべきです。イタリアでも銃規制はとても厳しいです。銃を手に入れるには、①勤務先②役所③国防省④近隣住民などから、それぞれの許可証が必要です。そして、毎月、警察に使用状況を報告することが義務づけられています。使用しても、しなくても、です。

売る側も「いつ・誰に・何を・どれだけの量を」売ったかを記録する義務があります。売買する際にお互いにサインして、1通ずつ保管して必ず照合できるように管理されています。

アメリカではライフル協会が政治家に対して強い影響力を持っているので、これは簡単に片づく問題ではないでしょう。

また、軍事費にお金が費やされているために、貧困層にはお金が回っていません。軍事費をさらに減らし、その分を社会保障に回すなど国民が安心する社会をつくることこそがアメリカのためになるはずです。それによって、他国の緊張も緩むのではないでしょうか。

日本も最近、近隣諸国がこんなに武器を持っているから我々も持とうなどといって、高性能な武器をアメリカから購入して配備しています。日本がそうした行動をとることで、近隣諸国を緊張させたり、疑念をいだかせる結果になっています。第二次世界大戦で一番辛《つら》い思いをしたのは日本だと思います。戦争の悲惨さを一番知っている日本は、戦後の平和を強く望んできた国です。日本が戦争を望んでいないことを、私は知っています。しかし、日本が軍事費増大レースに参加してしまえば、他国は日本が戦争の準備をしていると、勘違いしてしまうかもしれません。

現代社会において、好んで戦争をしたい国などありません。

「先《ま》ず隗《かい》より始めよ」という故事成語があります。世界平和を求めるのなら、まず日本が軍縮にとりくみ、お手本を示す必要があるはずです。私の意見が理想論であることは承知していますが、私は何よりも平和を愛する外交官でもあります。

もう力で周囲を押さえつける時代ではありません。私はそう強く信じています。

柔道で学んだ武士道の本質

第二次世界大戦後、マッカーサー司令官率いるGHQが日本の柔道・剣道などの武道や、書道、茶道にいたるまで「道《どう》」という名のつくものをすべて禁じようとしたことはよく知られています。これは自然と神道につながるために「道」の言葉を恐れたのでしょう。つまり、神道が怖かったのです。

戦時中、戦場が本土に近くなるほど、アメリカを中心にした連合国軍は大きな犠牲を払いました。命をものともせず、特攻作戦で向かってくる日本兵に対して本気で脅えました。そんな日本人たちを「クレイジー」と呼びました。なぜ、命を捨ててまで戦うのかが、理解できなかったのです。誰も命は惜しいです。でも兵士たちは愛する家族を守るために犠牲になっただけです。

占領下においても精神的強さを見せる多くの日本人を、アメリカは脅威に感じたのではないでしょうか。日本人の魂を骨抜きにしようとして、すべての「道」という名のつくものを禁じたのだと、私は理解しています。しかし、彼らは根本的なところで間違っていました。

序章で私が若い頃に柔道を習っていたことはすでに記した通りです。私がそこで学んだことは、

「卑怯な手段を使ってはいけない」
「お互いに敬意を表し、礼を尽くす」
「敗者への思いやりを忘れてはいけない」
「戦い終えたら仲良くする」

等々といった、人間としての基本的なことです。嘘《うそ》をついてはいけない。約束を守る。弱いものいじめをしてはいけない。仲違いしたとしても時間が経ったら水に流して仲直

りする。今でも立派に通じる内容です。とても単純なことです。

そういうことをアメリカが理解したから、いずれの「道」も解禁されたのだと思われます。

「(日本は)困ったときに助けてくれた友人だ」

マレーシアと日本にとって、8月というのは特別な意味を持つ月です。日本にとっては終戦記念日。そして、マレーシアにとってはイギリスからの独立記念日です。両国が現在、良好な関係にあることは有名です。日本人がリタイア(定年退職)した後にこの地を終《つい》の棲家《すみか》に選ぶ方も多いです。長期の滞在先としての人気でも日本人はマレーシアを世界一に選んでいます。日本貿易振興機構(JETRO)の調べによれば、現地に進出した企業はトヨタ自動車やソニーなど、日本を代表する企業を含む1400社を超え、現地に住む日本人は駐在員含めて1万人を超しています。

一方、多くの企業が投資することで、現地では1万人以上の雇用を生み出し、マレーシア経済に良い影響を与えています。

マレーシアから日本への観光客も近年、急増していますし、日本への輸出も、2006年と比較すると2012年では約1・5倍にも増えています。

ご存じのように、日本はイギリス植民地となっていたマレーシアに侵攻しました。そして、敗色濃厚になるまでマレーシアを支配しました。

日本がマレーシアからイギリス軍を撤退させると、民族の平等を掲げ、それまで白人専用で現地人が入ることが許されなかったクラブなどを開放しました。教育にも力を注ぎました。これらのことが、日本の敗戦後、再びイギリスがマレーシアを支配した際に現地民が一致団結して立ち上がり、ついに独立を勝ち取ることにつながります。

とはいえ、当時のマレーシアはマレー系住人と中国系住人が混在していました。マレー系の住人は日本に対してとても好意的でした。しかし、中国系の人々にとっては、日本は母国・中国とは敵対関係にあります。だから終戦後もしばらくは、日本人のことをよく思わない人も少なからずいたようです。

しかし、事態は変わります。それは日本経済の大飛躍です。これについては繰り返す必要はないでしょう。同じアジア人として日本が現地の人々の憧れへと変わりました。年々、増える駐在員たちの優雅な生活が眩《まぶ》しく映りました。そして、次から次へと発明される高性能な日本製品は憧れの的となりました。日本人本来の謙虚で偉ぶらない態度も、それまでの誤解を解きました。

1981年、マハティール・ビン・モハマド第4代マレーシア首相（当時）は、あの有名な「ルックイースト政策」（東方を目指す）を提唱。西洋の先進国よりもアジアで当時、世界第2位の経済規模になった日本を見習おう、という態度を明確にしました。日本人の勤勉さ、真面目さが母国の発展に役立つと判断したのです。

さらに彼らを感動させたのは、1997年に起きたアジア通貨危機での出来事でした。この通貨危機で韓国、タイ、インドネシアが国際通貨基金（IMF）の管理下に入りました。マレーシアもフィリピンなどとともに大ピンチとなりました。マレーシアはIMFの管理下に入ることを拒み、自力での再建を試みました。しかし、自国通貨「リンギット」は大暴落します。窮地に陥った1998年、手を差し伸べたのは日本でした。日本政府の巨額の支援が奏功し、マレーシアは徐々に回復の道をたどっていったのです。日本からの援助が決まったとき、マレーシアでは民衆の間で大歓声が起きたそうです。マハティール首相は、日本のことをこう表しました。

「困った時に助けてくれた友人だ」

21世紀に入り、サイド・シラジュディン第12代国王が国賓《こくひん》として訪日（2005年）したり、天皇皇后両陛下がご訪問される（2006年）など、現在に至るまで両国の関係は親密度を増しています。

日本のアニメに熱狂するフィリピン

私は海が大好きです。ダイビングもかなり経験してきました。序章でアメリカの新しい駐日大使となったケネディさんが、駐日外交団長である私に表敬訪問してくれたときのエピソードをお話ししました。そのとき、ケネディ大使の趣味もマリンスポーツだということがわかって話は大いに盛り上がりました。

ダイビングといえば、フィリピンではセブ島が有名ですね。セブ島は世界有数のダイビング天国として知られ、マクタン島（セブ島の隣の小島）のリゾートエリアからセブ島にかけてたくさんのダイブポイントが点在しています。魚の種類が豊富で楽しいところですから私も大好きです。ケネディ大使も行ったことがあるかもしれません。

ここではマレーシアとは違った視点から、フィリピンで日本がいかに好感をもって迎えられているかを考察したいと思います。戦時中の話ではなく、戦後の話に特化します。

フィリピンは現在でもまだ、経済的には発展しておらず、半数以上の国民が困窮しているといわれ、失業率も高止まりしています。

そのためフィリピンでは、多くの国民が介護士や看護師、そしてメイドとして世界各国に散らばり、外貨を稼ぎ、母国にいる家族に送金しています。

こうした海外出稼ぎ労働者たちからの送金額はGDPの4分の1にも達するほどで、他国では例を見ない、海外雇用庁という政府機関まであるほどです。

一部の富裕層を除いて、普通の家庭に生まれ育った場合、海外へ出かけるのは容易なことではありません。たとえ、国内で最も優秀な国立フィリピン大学（日本における東京大学以上の存在）を卒業したとしても、運がなければ、得られる給料は日本の大卒新入社員の3分の1以下だそうです。

そんな状況下でも、フィリピンの人々の、明るく陽気な国民性は変わりません。

彼らもまた日本に魅了されています。特にアニメは大人から子どもまで、とても人気があります。聞いた話ですが、そのきっかけを作ったのが1978年から放送された『超電磁マシーン　ボルテスV（ファイブ）』というヒーローもので、国民的人気番組でした（当時の最高視聴率は58％）。一部の反日勢力の抗議によって、当時のフェルディナンド・マルコス大統領が放送中止にしたときには、街中が大騒ぎになったと聞きました。この番組をきっかけに日本のアニメが数多く輸出されるようになりました。同国におけるクール・ジャパンの先駆けとなったわけです。

その後、反日勢力が徐々に勢いを失い、1999年に再放送されるや、またも大人気で、主題歌はすでに大人になっていた層から子どもまで、みんなが歌えるようになっていたそうです。主題歌を歌った日本の歌手が同国を訪れた時には、国賓並みの待遇で、今では現地のカラオケにも常備されているそうです。

2006年の第一次安倍内閣のときに安倍首相夫妻が現地を訪れ、奥様の昭恵さんが訪問した施設では、若者たちがこの番組の曲を歌って歓迎したと伝えられました。
そして今では、日本とフィリピンの関係はご存じのように何の問題もありません。クール・ジャパンがつくった絆といっていいかもしれません。

中国も韓国も頭のいい人は、日本の素晴らしさを知っている

すでにお気づきの方もいらっしゃるかと思いますが、アジアの多くの親日国の中からマレーシア、フィリピンのことに言及したのは、この章の冒頭に登場したアメリカのオバマ大統領が、２０１４年４月のアジア歴訪の際に日本の後に訪れた国々だからです。この他にも私の知っている限り、ほとんどのアジア諸国は日本に対して好印象を持っています。それを裏づけるようなデータもあります。

２０１２年に、あるコンサルティング会社がアジアの日本以外のＧＤＰ上位10カ国（中国、韓国、台湾、香港、タイ、マレーシア、シンガポール、インドネシア、ベトナム、フィリピン）を対象に、親日度に関するデータを発表しました。その結果、中国と

韓国を除く8カ国では、8割以上が日本のことを「大好き・好き」と回答しています。外務省が2014年3月に、東南アジア諸国連合（ASEAN）7カ国で行った世論調査でも「最も信頼できる国」として日本を挙げた人は33％で、2位で16％のアメリカを大きく引き離して1位となっています。ちなみに中国と韓国はそれぞれ5％、2％にとどまっています。

これらのアジア諸国には、一つの共通点があります。それは過去の日本のおこなったことにこだわりすぎずに、日本の良い点を参考にして、前を向こうという考え方です。未来志向の国は、戦後の日本がそうであったように光り輝くことでしょう。

一方、残念な国もあります。これらの国と正反対の考え方をする国です。過去に拘泥し、いつまでも相手を批判することしかできない国です。これらの国々については、ご存じの方も多いので、ここで説明は不要でしょう。

ただ、本当に頭のいい中国人・韓国人は日本の良いところを知っています。私は中国人や韓国人の知り合いがたくさんいますが、みんな知っています。知人の中国人医師はこう言っています。

「多くの日本人は中国のエリート層に匹敵する」

中国も韓国も戦後日本の活躍に刺激され、後ろ姿を追うことによって、ここまで成長してきました。それも日本からの莫大《ばくだい》な資金援助、技術援助を受けてきたからこそ、できたことです。3章で記したように若い世代はクール・ジャパンに憧れ、その上の層は日本製品に憧れています。それは、東京に遊びに来た中国人観光客の動向からもわかります。

彼らが団体で家電量販店に押しかけ、炊飯器を買い占めていく姿はご存じのはずです。女性は日本製の赤ちゃん用粉ミルクや化粧品を山ほど買い込んでいきます。帰国する際のお土産は、「日本製」であることにこだわります。日本製でなくとも「日本で買った品」ということにこだわります。それが最も喜ばれるからです。

彼らも帰国したら抗日を口にします。けれども、家の中に入れば、メイド・イン・ジャパンの製品に囲まれています。本音と建て前は別なのです。

日本の高級マンションを買い漁《あさ》るのも、中国には家の所有権が認められていない（個人の場合は70年）から、投資であるとともに何かの際には日本で暮らすという保険をかけているのでしょう。

事実、私の知人である富裕層の中国人は、日本にビルまで購入しています。東京と大阪にマンションも所有しており、日本の金融機関に口座を設け、預金もしています。母国より日本の銀行の方が信用できるから、という理由からです。

韓国においても同じようなことがいえます。

ある韓国人の友人は普段は韓国に住んでいますが、やはり都内に非居住者として高級マンションを購入しています。現在、韓国経済はかなり危うい状態です。何かあったらすぐに来日できるように準備しているのです。本音は「日本で暮らしたい」。

ウォン高になるまで、韓国の成長を支えていたのはサムスン、ＬＧ、現代《ヒュンダイ》自動車といった製造業でした。その韓国メーカーの生命線は、日本の進んだ技術や日本製のしっかりした部品でした。

２００８年以降、日本の製造業、特に家電メーカーは、価格競争に破れて国際競争力を失い不況となる中で、多くの技術者をリストラしなくてはなりませんでした。韓国のメーカーは彼らの持つ日本の技術力を欲しがったからこそ、高い年俸でスカウトし、その技術を手に入れることができたのです。

「恩義」という言葉があります。恩義を感じる。恩義に報いる。そこには感謝という気持ちが常に存在します。だから、恩義というのは人として守らなくてはならない、欠かしてはいけない徳目の一つなのです。「恩を仇《あだ》で返す」というのは、人として最もしてはいけないと、子どものころから教わっているはずです。

もう忘れましょう。未来を見据えましょう。後ろを見たままで前へ歩くことはできません。

人類史上類を見ない非道な指導者

前節で触れた中国人医師の言葉で印象に残っている言葉があります。

「毛沢東のメモリアルの前でお辞儀するなんてばかげている」

天安門広場に飾られている、人民服を着てにこやかに笑顔を浮かべる中華人民共和国初代国家主席の肖像画。各地に立てられている銅像。現代中国の礎をつくったとされている毛沢東ですが、私にすれば、人類史上稀《まれ》に見る非道な指導者としか見えません。前節の最後に言ったことと矛盾するようで恐縮ですが、彼に関してだけは言わせてもらいます。それくらいひどいことを行っていたと確信しています。

様々な資料や文献を調べ、いろいろな方々から話を聞きました。中でも『ワイルド・スワン』の著者であるユン・チアンさんのルポルタージュは衝撃的でした。ユンさんは、文化大革命期の自分の母親のことを『ワイルド・スワン』の中で書き、全世界で1000万部を超えるベストセラーとなりました。この中国・四川省出身の作家、ユンさんが十余年にわたり数百人に及ぶ当時の関係者にインタビューして世に出したルポルタージュ（『マオ　誰も知らなかった毛沢東』）です。インタビューに応じた中には、毛沢東の元妻などの親族だけでなく愛人、かつての通訳、護衛、同僚、政府高官まで含まれています。

有名な『長征』は、毛沢東が中国解放のための戦いの旅ということになっていますが、実際には自分が権力を握るためだけの出征で、8ヵ月で2000㎞も行軍させられて病気や寒さで7万人近くの兵士を無駄死にさせ、自分らが食べるために農民から食料を奪い、多くの餓死者を出しています。日中戦争においても、抗日にはあまり興味を示さず、もっぱら自分の地位を守るために行動した結果、多くの犠牲者を出します。

ひどいのは第二次世界大戦後です。戦争ではなく、戦後に多数の自国民を死に至らしめたのです。

大躍進政策（1958年～1960年）では、大国並みの工業化を目指して不可能な増産ノルマを課しました。その結果、粗悪なダムが作られ、そのダムが崩壊したために、24万人の人民が命を失いました。大飢饉にも無策で、1960年だけでも2200万人、この年を含む4年間で約3800万人が餓死、過労死したとされています。すでに侵攻していたチベットでも1500万人の死者が出ていました。

そんな状況の中でも、毛沢東だけは贅沢《ぜいたく》の限りを尽くしました。毎日、美食に明け暮れ、愛人をはべらせていました。それでも外見だけは汚れた服装をまとい、国民の目をだまし続けたのです。大躍進政策が失敗し、失脚させられても権力の座を取り戻すことに執着します。

再び、政権を取り戻した際に行った文化大革命（1966～1976年）では、自分に逆らう者が現れないように、全国の知識階級を粛清しました。10年間で約３００万人が拷問の末に殺されました。その内容たるや筆舌に尽くし難いほどです。しかも、その模様をカメラマンに撮影させて、自らの目で確認して悦に入っていたようです。

粛清された数の何倍もの人が収容所に送られて「自己批判」させられました。こうした恐怖政治をすることによって、誰も逆らえないようにしたのです。彼によって死に至った国民は５０００万人、間接的なものを含めると７０００万人に及ぶと推定されています。

彼の狡猾《こうかつ》なところは、こうした事実を海外に漏らさないどころか、御用ジャーナリストを利用して話の論点をすり替え、「神話」に仕立て上げたところです。多くの一般国民を欺き、世界をもだましました。

情報を遮断し、言論を封じ込める。そして、偽の情報を発信し、自分の都合のいいふうにすり替える。毛沢東の悪しきＤＮＡが、現在も残っているような気がしてなりません。

韓国には「王者の風格」を見せつける

私がいつも不思議に思うのは、日本の一部メディアの対応です。8月に入ると政府要人に靖国神社に参拝するのかどうかをしつこく尋ねます。毎年の恒例行事のごとく同じ質問を繰り返します。

そして、政府首脳、特に現役の首相が訪れると大きく扱い、それに伴い中国や韓国が反発する。まるで、中国や韓国にご注進しているかのようです。なぜ靖国を訪れてはいけないのでしょうか。そして、やたらと「戦争責任」という言葉を連発します。間違った理解で自国を貶《おとし》めるとはどういう意図なのでしょうか。日本のために命を捧《ささ》げた英霊たちに失礼です。

現在の日本の発展は、亡くなった彼らの犠牲の上に成り立っているのです。靖国＝軍国主義などという単純な発想はやめた方がいい。誤った情報を鵜呑《うの》みにする国民は、もっと自国の歴史を勉強するべきだと思います。

日本は敗戦から70年近くにわたって、1度も戦争を起こしていません。参戦もしていません。主要先進国の中ではドイツ、イタリア、カナダ、日本ぐらいのものです。それどころか、日本はあらゆる貧しい地域に多額の資金を提供し、その国の発展に貢献してきました。だから、一部の国を除き、世界中から感謝されているのです。

日本が今後も世界から信頼されるためには、現在の平和を守り、甚大な被害を受けた当事国として、戦争の悲惨さを後世に伝え、2度と戦争をしてはいけないというメッセージを発信し続けることが重要です。

その上で現在、直面している中国・韓国問題をどうしたらいいのか、を考えます。

一言でいえば「王者の風格」を見せればいいのです。

そもそも韓国は1965年に日本と日韓基本条約を結び、日本から無償で3億ドル（当時約1080億円）、有償で2億ドル（同約720億円）を提供されました。これだけで当時の韓国国家予算の約1・5倍です。さらに民間借款で3億ドルが払われました。これで両国の間の請求権に関する問題は解決されています。

日本からの資金で韓国は社会インフラを整えて、工業化を果たし、後の「漢江《はんがん》の奇跡」と呼ばれるまでに発展したことはご存じのとおりです。前述したように技術供与もされています。

韓国は「現在まで遺族補償がされていない」などと言っていますが、投資優先という選択をしたのは当時の朴正熙《パクチョンヒ》大統領。現在の朴槿恵《パククネ》大統領の父親です。残念なのは、毛沢東時代の中国と同様に、当時の韓国では正しい情報が国民に知らされていなかったことです。

「加害者と被害者の立場は1000年経っても変わらない」

と、朴大統領はよく口に出しますが、戦争ははるか昔70年前に終わっています。朴大統領は生まれてもいません。頻繁に従軍慰安婦問題を口にしますが、ならばベトナム戦争に参戦した際に、韓国軍がベトナムの婦女子に行った野蛮な行為（ライダイハン）についてはどう説明するのでしょうか。韓国はいまだにベトナムに謝罪してはいません。

韓国の日本大使館前では抗議デモが行われています。それに呼応して、日本でも在日韓国人たちに対し「ヘイトスピーチ」やネットなどで罵ったりしている人もいますが、それはやめた方がいいです。同じ土俵に立つことはありません。大人の品位を見せましょう。

「吠える犬ほど噛まない」

次から次へと挑発してくる中国もまた厄介なお隣さんです。確かに中国の軍事力の増強は脅威です。外交手腕も巧みです。ですが、ここまでに記してきたように民間レベルでは本音の部分は違います。一連の挑発は日本の堪忍袋の緒が切れるのを待っているだけです。揺さぶっているだけなので挑発に乗ってはいけないし、反中ばかり叫ぶのも品位を汚します。

本格的に緊迫度が増してきた場合、困るのは中国の方です。現在、中国は建国以来、最も国民が潤っています（一部地方は別ですが）。彼らは、自分たちが世界の工場であることを自覚していますし、海外と良好な関係を築かないと元の貧しい国になってしまうことを恐れています。そして、政府上層部もそのことは理解していると聞いています。貧しくなった場合、怒りの矛先が政府に向かうことも承知しています。

それに中国人の本性として、彼らは概して享楽的です。日本人のように忍耐強くもなければ、勤勉でもありません。すべての中国人がとは言いませんが、いかに楽ができるかということを考えている人が多いです。

「吠《ほ》える犬ほど嚙《か》まない」

と、いいます。韓国に対するのと同様、冷静になることが大切。熱くなる必要はありません。楽観的すぎるという意見もあるかもしれませんが、これが私の偽らざる見解です。韓国のときと同様、もう一度繰り返します。

「王者の品格」を保ちましょう。それこそが日本の王道です。

※

日本は戦後の荒廃の中から不死鳥のごとく蘇《よみがえ》り、世界のトップに比肩するまでに駆け上がりました。こんなに偉大な国は世界に類を見ません。自国の発展だけでなく近隣のアジア諸国をいかなる状況下でも、様々な方法で支援してきました。経済的側面だけではありません。あらゆるアジア諸国は、日本の生活様式や制度をお手本として、自国の生活様式や政治の改革を大きく前進させました。そして、アジアと世界の平和と自由と経済発展に貢献してきました。

なんと素晴らしい国なのでしょうか。

アジア諸国だけではありません。世界のありとあらゆる国へ救いの手を差し伸べ、多くの人々の命も守ってきました。その結果、多くの人々から愛されています。データもあります。イギリスの公共放送局ＢＢＣが毎年行っている主要国好感度調査で、２０１２年度の日本の評価は世界一となりました。翌年は順位を多少下げたものの、最上位圏内の位置はずっとキープしたままです。

日本は世界の平和と調和、福祉から経済発展でもリーダーになれる国だと考えています。なぜならば、どんな困難にも敢然と立ち向かい、不屈の精神でそのたびに乗り越えてきた経験があるからです。このような国は現代社会において日本以外にありません。

日本は戦後、ずっと「戦争をしない」という道を選んできました。そして、その答えは正しかったと証明されています。そしてこれからもその道を堅持することこそが、世界の平和という崇高で美しい夢の実現のために必要なのです。そして、それは決して不可能なことではありません。

偉大な国、日本。私もこの国を尊敬する世界の住人のひとりです。

終わりに

本書は、日本がいかに素晴らしい伝統、文化、精神性を持ち、世界から憧憬の眼差しを向けられているかということをもっと日本人に自覚してほしいとの思いから執筆しました。特に4章で触れた遣欧少年使節たちのことは、学生の教科書にほんの少しだけ記述がされているだけで、ほとんどの日本人が詳しいことを知りません。彼らが400年以上も前に、世界と日本を結ぶ大偉業を達成していたことをぜひ、知ってほしい。そして、彼らの精神を見習い、自信を失っている日本人に自信を取り戻してもらいたいと思っています。

私は、駐日サンマリノ共和国特命全権大使を拝命して12年になります。外交官としての先人である彼らから学ぶことがとても多いです。眠っている場所のわからないペトロ岐部・ベルナルドを除く全員のお墓参りをしては自分を奮い立たせています。

伊東マンショらの生涯を丹念に調査し続けてきた研究家の竹下勇先生の、長年にわたる地道な努力と、伊東マンショ顕彰会に敬意を表しますとともに、本書出版にあたり多大なご協力をいただきましたことを深く感謝いたします。

最後になりますが、多くの駐日大使の方々から、様々な助言や激励のメッセージをいただきました。ドメニコ・ジョルジ(イタリア)、ミゲル・アンヘル・ナバーロ・ポルテラ(スペイン)、ジョゼ・デ・フレイタス・フェラース(ポルトガル)、マルコス・フェルミン・ロドリゲス・コスタ(キューバ)、ジョセフ・チェノットゥ(ヴァチカン)の各閣下には本当にお世話になりました。みなさまの応援がなければ、ここまでたどり着くことはできなかったと思います。日ごろからの感謝も込めて、御礼の言葉を述べさせていただき、本書の結びといたします。

2014年5月

駐日外交団長　サンマリノ共和国特命全権大使　マンリオ・カデロ

EMBAIXADA DE PORTUGAL
TÓQUIO

art and the firearms which were presented by the Portuguese to the Lord of Tanegashima, would later play an important role in the unification of Japan.

On the other hand, books written during this period by Portuguese would become important tools to study this era of the Japanese history, as the celebrated "*Historia do Japam*" by Luís Fróis which still remains an important source of knowledge until today.

I wish that the current book by Ambassador Manlio Cadelo will get the success it rightly deserves.

José de Freitas Ferraz
Ambassador of Portugal to Japan

EMBAJADA DE CUBA

Embajada de Cuba

November 13th, 2013-11-13

I appreciate the great honor of having the opportunity to express our
...tude to the commendable initiative of H.E. Manlio Cadelo, Ambassador of
...epublic of San Marino and Dean of the Diplomatic Corps in Japan, for
... a book about the trip of the Samurai Hasekura Rokuemon Tsunenaga,
... considered the first Japanese Ambassador in the Americas and in

...sekura's mission landed in Havana, on his way to Spain, as
...bassy in 1614. Their stay in Cuba lasted only for a few days, enough
...to cross the Atlantic Ocean. Thanks to this, he became, almost by
... first Japanese to visit Cuba. Next year we will celebrate the 400
...of this first encounter between our two cultures. Cuban and

...n, Cuba and Japan have being approaching continuously.
...graphical distance, there is a natural sympathy between our
... reciprocal fascination which makes us mutually enjoy our
...nifestations in a very special way.

... express my sincerest congratulations for the publication of
...ontribute to the mutual understanding between Japan and
...sh this book the best of luck.

...rtunity, Excellency, to renew the assurances of my

Marcos Rodriguez
Ambassador

NUNTIATURA APOSTOLICA
TOKYO

Tokyo, November 14, 2013

Excellency,

I thank you for inviting me to write a message for your book to be published on the Tensho embassy and the Keicho mission to Europe and the Western world.

History is but the biography of great men who have left their imprint on the sands of time. The Tensho embassy of 4 courageous men left Nagasaki on 20 February 1582 to meet the Kings and Popes in Europe. In fact, during their stay, they met with King Philip II of Spain, Francesco de' Medici Grand Duke of Tuscany, Pope Gregory XIII and his successor Pope Sixtus V.

Keicho Mission, however, comprising of Hasekura Tsunenaga and a group was dispatched by the Sendai feudal Lord DATE Masamune in 1613. They were received in audience by King Philip III in Madrid and in Rome by Pope Paul V on 3 November 1615, who promised to send missionaries to Sendai to propagate the faith, which is the greatest expression of human freedom.

These memorable events are worthy to be recorded in golden letters. Therefore I wish to congratulate you on this laudable initiative which, I hope, will result in further strengthening the friendly relations that so happily exist between Japan and the countries involved.

I take this occasion, Excellency, to renew the assurances of my highest consideration.

+ Archbishop Joseph Chennoth
Apostolic Nuncio

H.E. Mr. MANLIO CADELO
Ambassador of SAN MARINO
TOKYO

各国大使から送られてきたメッセージにはそれぞれの母国の公式文書である証として国章を記したレターが使用され、大使の直筆サインが添えられている。左ページ上から時計回りにイタリア、スペイン、ポルトガル、キューバ、ヴァチカン。

※日本ではローマ法王、ローマ教皇と混用されていますが、日本の司教団は1981年のヨハネ・パウロ２世の来日を機にローマ教皇に統一しました。よって本書ではすべてローマ教皇に統一しています。

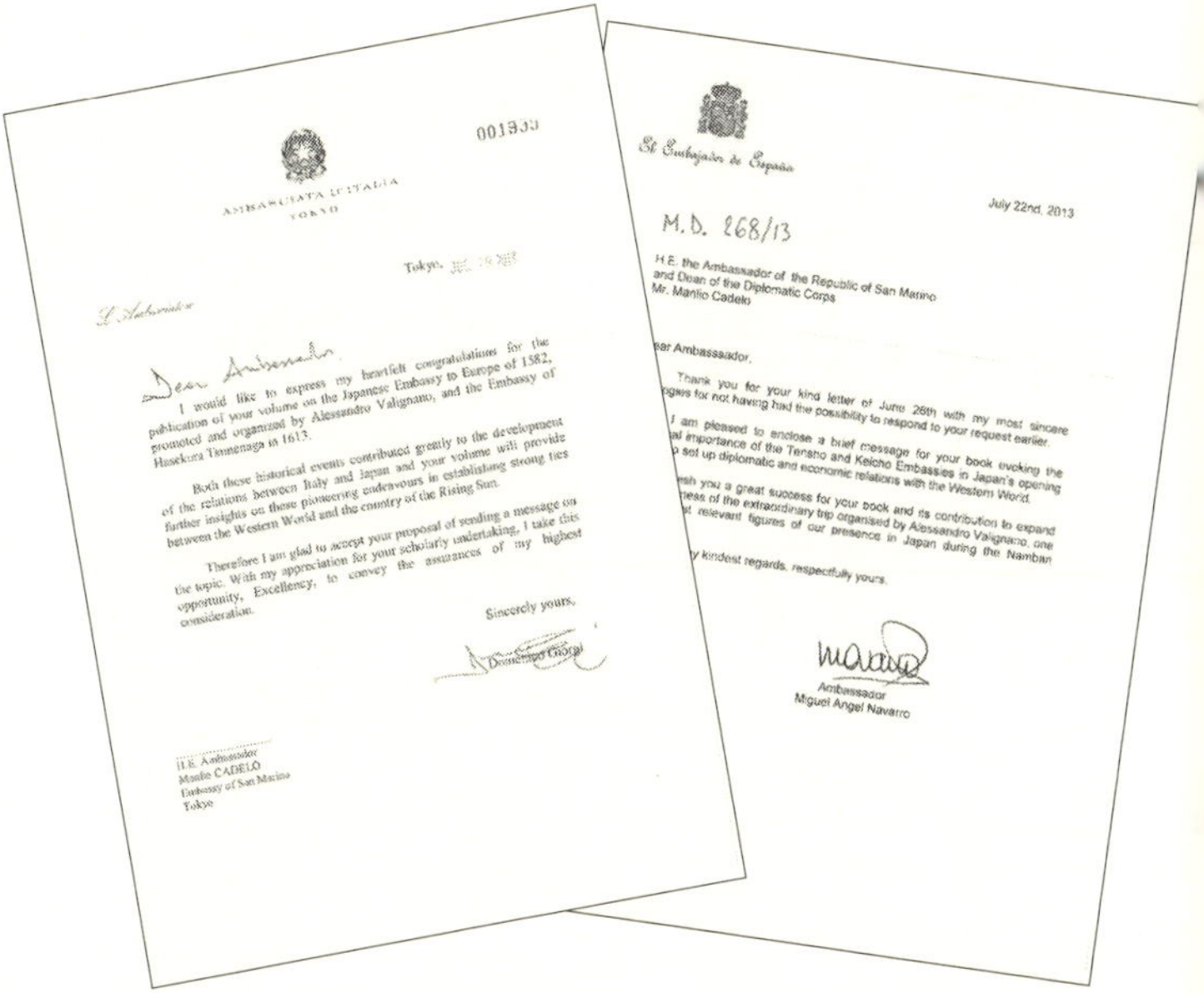

001939

AMBASCIATA D'ITALIA
TOKYO

Tokyo,

Dear Ambassador,

I would like to express my heartfelt congratulations for the publication of your volume on the Japanese Embassy to Europe of 1582, promoted and organized by Alessandro Valignano, and the Embassy of Hasekura Tsunenaga in 1613.

Both these historical events contributed greatly to the development of the relations between Italy and Japan and your volume will provide further insights on these pioneering endeavours in establishing strong ties between the Western World and the country of the Rising Sun.

Therefore I am glad to accept your proposal of sending a message on the topic. With my appreciation for your scholarly undertaking, I take this opportunity, Excellency, to convey the assurances of my highest consideration.

Sincerely yours,

Domenico Giorgi

H.E. Ambassador
Manlio CADELO
Embassy of San Marino
Tokyo

El Embajador de España

July 22nd, 2013

M.D. 268/13

H.E. the Ambassador of the Republic of San Marino
and Dean of the Diplomatic Corps
Mr. Manlio Cadelo

ear Ambassador,

Thank you for your kind letter of June 26th with my most sincere ogies for not having had the possibility to respond to your request earlier.

I am pleased to enclose a brief message for your book evoking the al importance of the Tensho and Keicho Embassies in Japan's opening o set up diplomatic and economic relations with the Western World.

ish you a great success for your book and its contribution to expand ness of the extraordinary trip organised by Alessandro Valignano, one st relevant figures of our presence in Japan during the Namban

y kindest regards, respectfully yours,

Ambassador
Miguel Angel Navarro

I would like to express my great appreciation for H.E. Dr. Domenico Giorgi (Ambassador of Italy), H.E.Mr.Miguel Angel Navarro Portera (Ambassador of Spain), H.E.Mr. Jose de Freitas Ferraz (Ambassador of Portugal), H.E. Mr. Marcos Fermin Rodriguez Costa (Ambassador of Cuba), H.E. Archbishop Joseph Chennoth (Ambassador of Apostolic Nunciature), and Dr. Paola Di Rico of Trivulzio Foundation Milano Italy and for all the people who have kindly cooperated by giving me advices, informations and encouragements in regard of the publication of this book. I thank all of you very much and with my sincere respects.

Ambassador of San Marino, Manlio Cadelo
Dean of the Diplomatic Corps in Japan

（激励メッセージをくれた各国大使と写真提供をしてくれたトリブルツィオ財団のパオラ・ディ・リコ氏、及びご協力いただいたすべての方々への謝辞）

主な参照文献　引用文献一覧（順不同、敬称略）

神社本庁ホームページ
宮内庁ホームページ
農林水産省ホームページ
防府市ホームページ
経済産業省ホームページ
林野庁ホームページ
外務省ホームページ
JETROホームページ
フィリピン海外雇用庁ホームページ
ハワイ日本文化センターホームページ
「日本の息吹」平成25年5月号、11月号（日本会議）
「日本人なら知っておきたい神道」武光誠（河出書房新社）
「神道入門　日本人にとって神とは何か」井上順孝（平凡社新書）
「美し国」平成26年新春号（一般社団法人　美し国）

「自由への逃走—杉原ビザとユダヤ人—」中日新聞社会部編（東京新聞出版部）
「六千人の命のビザ」杉浦幸子（大正出版）
「マッカーサー大戦回顧録」上下巻　ダグラス・マッカーサー／津島一夫訳（中公文庫）
「明治天皇と元勲」豊田穣　杉森久英　邦光史郎　南條範夫　江崎誠致　佐々克明（ＴＢＳブリタニカ）
「武士道の国から来た自衛隊」産経新聞イラク取材班（扶桑社）
「日本人よありがとう　マレーシアはこうして独立した」土生良樹（日本教育新聞社）
「日本はなぜ世界でいちばん人気があるのか」竹田恒泰（ＰＨＰ新書）
「日本人はなぜ日本のことを知らないのか」竹田恒泰（ＰＨＰ新書）
「パール判事の日本無罪論」田中正明（小学館文庫）
「イスラムの人はなぜ日本を尊敬するのか」宮田律（新潮新書）
「昭和天皇の料理番　日本人の食の原点」谷部金次郎（講談社プラスアルファ新書）
「完全保存版　天皇と皇室　一個人別冊」（ＫＫベストセラーズ）
「伊東マンショ　その生涯」マンショを語る会編纂（鉱脈社）
「ドキュメント　天正少年使節」志岐隆重（長崎文献社）
「世界と日本—天正・慶長の使命—」渡辺信夫【大航海時代のなかに二つの遺欧使節】・高橋あけみ【世界と日本—天正・慶長の使節について】・高橋由貴彦【大航海時代に残した二つの壮挙】（「世界と日本」

展実行委員会・仙台市博物館）
読売新聞夕刊（3月17日付）
「バーン司教の足跡」京都司教区カトリック高野教会ホームページ
「エルトゥールル号の遭難」寮美千子（小学館）
「トルコ世界一の親日国―危機一髪！　イラン在留日本人を救出したトルコ航空」森永堯（明成社）
『『奇跡』の日本史』歴史の謎研究会編（青春出版社）
「昭和戦後史」上中下巻（講談社）
「日本絶賛語録」村岡正明（小学館）
「米エクスペディア・ベストツーリスト２００９」
「アジア10カ国の親日度調査」２０１２年11月6日プレスリリース（アウンコンサルティング株式会社）
「宮廷の磁器」英国東洋陶磁学会（同朋舎出版）
「animeanime.jp」ホームページ
「日本語の教室」大野晋（岩波新書）
「国語施策百年史」文化庁（ぎょうせい）
「武士道」新渡戸稲造　奈良本辰也訳（三笠書房）
「なぜ反日韓国に未来はないのか」呉善花（小学館新書）

「妄想大国　韓国を嗤う」室谷克実・三橋貴明（ＰＨＰ研究所）
「中国を捨てよ」石平・西村幸祐（イースト新書）
「『中国人の9割が日本が嫌い』の真実」初田宗久（ＴＷＪｂｏｏｋｓ）
「中国・韓国が死んでも隠したい本当は正しかった日本の戦争」黄文雄（徳間書店）
「ＷＥＤＧＥ」２０１４年5月号（ウェッジ）
「週刊エコノミスト」２０１４年4月29日号（毎日新聞社）
「ワイルド・スワン」ユン・チアン、ジョン・ハリデイ　土屋京子訳（講談社）
「マオ　誰も知らなかった毛沢東」上下巻　ユン・チアン、ジョン・ハリデイ　土屋京子訳（講談社）

スタッフ

構成／神山典士

写真提供／宮内庁、共同通信社、駐日サンマリノ共和国大使館
校正／小学館クオリティーセンター、小学館クリエイティブ
ＤＴＰ／昭和ブライト
編集協力／楠田武治
編集／小川昭芳
販売／伊藤澄
宣伝／安野宏和
制作／粕谷裕次

特別協力／森本美紀（駐日サンマリノ共和国大使館）

マンリオ・カデロ

まんりお・かでろ

イタリアのシエナにて出生。イタリアで高等学校卒業後、フランス・パリのソルボンヌ大学に留学。フランス文学、諸外国語、語源学を習得。1975年に来日、東京に移住し、ジャーナリストとしても活躍。1989年に駐日サンマリノ共和国の領事として任命される。2002年、駐日サンマリノ共和国特命全権大使を任命され、2011年5月、駐日大使全体の代表となる「駐日外交団長」に就任。現在、講演活動など幅広い活躍をしている。イタリア共和国騎士勲章など多くの勲章を受章している。

小学館新書 211

だから日本は世界から尊敬される

二〇一四年六月七日　初版第一刷発行
二〇一四年六月二十四日　第二刷発行

著者　マンリオ・カデロ
発行者　蔵 敏則
発行所　株式会社小学館
〒一〇一-八〇〇一 東京都千代田区一ツ橋二-三-一
電話 編集：〇三-三二三〇-五一一七
販売：〇三-五二八一-三五五五

装幀　おおうちおさむ
印刷・製本　中央精版印刷株式会社

Printed in Japan　ISBN 978-4-09-825211-4